Sogensha
History Books
創元世界史ライブラリー

歴史の見方

西洋史のリバイバル

玉木俊明 著

創元社

はじめに

歴史の見方など、十人十色、百人百色、千人千色であり、人によって違っていて当然である。しかし、まったく自分勝手な見方をしても良いというものではない。

周知のように、E・H・カーは、「歴史とは、現在と過去との対話（dialogue）」であると言った。多くの学問と同じく、歴史は、モノローグ（独言）ではなく、ダイアローグ（対話）の学問である。歴史の見方も、モノローグではいけない。ダイアローグでなければならない。

本書の目的は、私なりの歴史の見方を提示し、読者の方々とダイアローグすることにある。たとえ何百万人の読者がいようとも（残念ながら本書では、そんなことは考えられないが）、書物というものは、一人の著者と一人の読者の対話によって成り立つと私は考えている。本の執筆とは、じつは孤独な営みであり、その孤独感は読者との対話によって癒されるものではないだろうか。

著者は、常に読者を想定しながら文章を書いている。昔ならマス目を埋めるのであり、こんにちなら、パソコンのキーボードを叩く。

そこで想像している読者は、実体ではなく、架空の人びとである。著者は、架空の読者と対話をする。そのときの返答は、著者に都合の良いものになることが多い。

読者は、それぞれの関心に従って文章を読んでいく。どのような読み方が正しいか、著者が読者に強制することはできない。読者は著者の言いたいことを、ときには正しく汲み取り、ときには間違って理解する。あえて言うなら、読者には間違って理解する権利がある。私自身、読者として、この権利を無数と言って良いほど使ってきたはずである。

著者と読者、歴史家と読者との関係は、そのようなものであろう。したがって、言うまでもなく、直接的な対話ではない。にもかかわらず、読者が本書を読んでくださることで、私との対話をしていただけると信じる。

それは間接的なキャッチボールではあるが、そういった形式でのダイアローグによって、読者の皆さんと知的な営みを共有したい。私にかぎらず、著者というものは、本を出版してからの読者の方々の（可能なかぎりポジティヴな）反応によって支えられているのだから。

この本のもとになったのは、創元社のホームページ上で二〇一五年七月から二〇一六年にかけて公開された「歴史の見方」という連載である。それらを加筆修正して、さらにいくつかの新しい文章を書いて、完成に至った。

本書は、二部構成をとっている。第一部は書評であり、第二部は私が関心をもっているいくつかのトピックからなる。第一部の書評では、単に本の内容紹介と批判をするにとどまらず、その書物が書かれた背景や位置づけを書くようにした。個人的な体験を書いた章もある。

第二部で論じたトピックは、私が現在の歴史研究で重要だと思っていることである。日本人に馴染み深いものも、そうではないものもある。これらのトピックの背景や問題点も含めて、具体例をあげつつ詳細に論じたつもりである。

第一部も第二部も、すべては、読者がその書物の内容をより深く理解し、さらには研究史の大きな流れを知るようになることを目的としている。

しかし、その意図が読者に伝わらなかったなら、私は単にモノローグをしたにすぎないということになる。

本書がダイアローグをしている書物であることを、切に願う。

目次

地図制作　河本佳樹
装丁　濱崎実幸

歴史の見方

——西洋史のリバイバル

序章　西洋史のリバイバル

西洋史はこのまま衰退するのか

模範としての西洋

西洋史という学問分野がある。一般的には、ヨーロッパを中心とする欧米の歴史のことである。戦後しばらくのあいだ、この分野はずいぶん人気があったようである。少なくとも私が大学に入学した一九八三年においても、人気は衰えていなかった。

それは、ヨーロッパはカッコいいというイメージがあったからだろう。欧米は進んでいるので、日本もそれに追いつかなければならないという意識が強かった。そういう日本人のあいだで、西洋史を研究することは、未来の日本がたどるべき道筋を研究するということでもあった。だからこそ、西洋史研究は重要だと考えられていたのである。

なかでも、最初に産業革命を成功させ、民主主義社会への道を切り開いたイギリスは、日本人が模範とすべき国であった。一九七〇年代前半までは、おおむねそのような意識がもたれていたと想定してよいであろう。だがその頃のイギリスは、社会保障が充実したために人びとが働かなくなり、経済が停滞した社会とみなされるようになっていた。それはイギリス病だと揶揄された。一方、日本は一九六八年にはGNPで世界第二位の国となり、ヨーロッパのどの国よりもGNPの数字は大きくなり、やがてイギリスが模範とは考えなくなった。

戦後しばらくのあいだ、移動時間から考えても、ヨーロッパは遠かった。ヨーロッパに行くことは費用の点からもきわめて難しく、留学すること自体、一種の特権であった。船で何十日もかけ、東シナ海、インド洋、紅海、スエズ運河をへて地中海に至り、やがてフランスのマルセイユに着く。そこから船や汽車で、目的地まで向かう。それは長い長い旅であった。そして日本はまだまだ貧しく、円は安く、留学生は貧しい暮らしを余儀なくされた。留学した日本人は、日本と西洋との生活水準の差をひしひしと感じた。

移動手段はやがて船から飛行機に変わった。しかし一九七〇年代初頭になっても、ヨーロッパはまだ遠かった。国際電話をかけることはできず、通信手段は電報であった。一年ほど留学して帰国し、現地で勉強したことを友人や知人に話すと、彼らは現地の最新の情報が得られると思い、感心して聞いてくれた。

そもそも、ヨーロッパの偉い歴史家は、ほとんどの日本人にとって永遠に出会うはずのない人たちであった。そういう人の話を直接聞いた人から話を聞くだけでも大きな価値があった。それこそが、日本人の西洋史研究者にとって最新の情報だったからである。

このような光景はいつまで続いたのだろうか。

現在では、ヨーロッパに行くことなど、別段特権的なことでも何でもない。インターネットで一次史料にあたるのは容易である。外国人研究者はしょっちゅう日本を訪れるし、そこで最新の情報を聞くことができる。いまやヨーロッパの大学で博士号を取得する院生はまったく珍しくない。ヨーロッパとの心理的距離は大きく縮まった。日本の生活水準が上昇し、ヨーロッパのそれに追いつき、追い越すと、もはやヨーロッパ、あるいはアメリカ合衆国は憧れの対象ではなくなった。

しかも日本と中国、韓国、東南アジアとの関係が強まっていくと、ヨーロッパの重みは急速になくなっていった。アジアの時代に向かって、世の中は急速に動いている。

このようなことが西洋史という学問を衰退させていった要因であることは、誰しも認めるであろう。この分野は、徐々に絶滅危惧種への道を歩みつつあるのではないか。

西洋史を学ぶ意義

前置きが長くなってしまったが、本書の目的は、こうした危機的現状にある西洋史を（と少なくとも私は思っている）、少しでも元気づけることにある。西洋史という学問分野を絶滅危惧種のリストから外したい。もとより私の個人的な努力で救えるものではないが、一西洋史研究者として、また大学で教鞭をとる者として、本書を通して、西洋史を学ぶ意義、西洋史研究の面白さを伝えていきたい。

西洋史を学ぶ意義はあるのかないのか——私は「ある」と考えている。その理由は、これから明らかにしてゆくつもりであるが、ひとまず私の基本的な考えを述べておきたい。

現代社会を考えるうえで、一九世紀に世界の多くの地域がヨーロッパの植民地ないし半植民地になったということは、否定できない事実である。ヨーロッパは世界を制覇した。こんにちの学問体系のほとんどはこの時代に形成され、現代に続いている。いかにアジアの重要性を強調しても、われわれはこの事実から逃れることはできない。

現在の学問体系は本質的にヨーロッパ産であるのだから、どのような学問分野を研究するにせよ、ヨーロッパの影響を無視することはできない。植民地が次々と独立し、ポスト・コロニアルといわれる時代になっても、なお彼らの社会のあり方は、ヨーロッパのそれを模倣しているとはいえないか。

たしかに、ヨーロッパの影響力は衰えつつある。けれども、ヨーロッパ、そしてそこから派生したアメリカ合衆国がつくった枠組みこそ、現代社会の基本的枠組みである。この一点をとっても、西洋史を学ぶ意義はいまもって大いにある。

しかし実際には、先にも述べたように、西洋史という学問分野の魅力は減じてきている。欧米の地位が相対的に低下し、他方でアジア諸国との結びつきが強くなったこともあるが、より大きな問題は、西洋史家自身が、そのようなパースペクティヴをもたず、細かな実証に明け暮れていることにある。史料は、雄大な構想力をもつ歴史家によって初めて大きな意味が与えられるということを、歴史家は忘れているように思われる。

学問の存在意義

本書のタイトルは「歴史の見方」であるが、より正確には「西洋史家からの歴史の見方」ということになろう。戦後、翻訳も含め、日本語でいくつもの名著が出た。本書では、そのなかから私の関心に即していくつかの作品を取り上げ、現在の視点からどう読めるのかということを示す。さらに、私の身の回りで生じている研究の変化が、どういう意味をもっているのかも考えてみたい。

大学に入学してから三〇年間以上、西洋史、とくに経済史研究にたずさわってきた。五十路に入り、少しは業績もでき、そろそろ自身の研究史を振り返ることで、今後の研究の方向性を問えるのではないかと思うようになった。そして通常の論文形式では伝えられない思いを書いてみたいという意識が強くなってきた。

経営学の巨人、ピーター・F・ドラッカーは、事業の唯一の定義は「新しい顧客の獲得」だと喝破した。それは企業のみならず、学問分野にもあてはまる。ある学問分野に魅力を感じる人びとが増えないかぎり、少なくともそれが維持されないかぎり、その分野は滅びる運命にある。本書を通して、新たなマーケットを開拓できればと願う。

長いあいだ、大学というところは、講座があるから、つまり講義科目があるという既得権によって、新任の教員を採用できるということになっていた。あらゆる学問は、こうした仕組みで生き延びてきた。

しかし、本当にそれで良かったのだろうか。もはや誰の興味も引かず、学生がほとんど出席していないような科目が、ただそれが必要だという学問に内在する要請によってのみ生きながらえてきたのではないか。社会全体からみた場合、そういう学問は、本当は死に絶えていたはずなのではないか。それが大学という制度によって、延命措置を施されているだけではないのか。

若い人たちを魅了しない学問など、将来性があるのだろうか。学者が、仲間内で専門用語《ジャーゴン》を話して、それが世間の人たちにはまったく理解されていないまま、単に授業科目として開講されているだけだとすれば、本当に生きた学問といえるのだろうか。大学の倒産が徐々に日常化していることにち、内輪話で満足したままで社会的意義を訴えずして、西洋史が生き延びうると考える人がいるとすれば、それはよほどおめでたい人たちではないか。

本書は、以上のような問題意識の産物である。西洋史には、新しい顧客が必要である。それは西洋史を学ぼうとしている学生諸君かもしれないし、趣味で西洋史を勉強しようとしている定年後の人たちかもしれない。人びとにとって魅力的であることが、学問分野が生き延びる唯一の道である。本書によって、西洋史を面白いという人たちが少しでも増え、新しい顧客が獲得できたなら、少しではあるが、西洋史、ひいては歴史学が、絶滅危惧種への道から遠ざかることができるはずだと信じたい。

第Ⅰ部　名著に学ぶ——私に影響を与えた書物

第1章　戦後史学の生みの親

大塚久雄『近代欧州経済史序説』時潮社、一九四四年

戦後史学の出発点

戦後の歴史学を語るときに、東京大学経済学部の大塚久雄（一九〇七〜九六）の業績を無視することはできない。戦後の歴史学の出発点となったのは、大塚の『近代欧州経済史序説』と、石母田《いしもだ》正《ただし》『中世的世界の形成』（伊藤書店、一九四六年。のちに岩波書店から再刊）であったろう。そしてこの二冊を比較したなら、大塚の書物の影響力のほうが大きかった。

大塚の影響力については、その時代を知らない人にとっては想像しにくいかもしれないが、たとえばこういうことがあった。私が大学に入学した一九八三年、一般教養の授業で望田幸男（一九三一〜）が、「大塚久雄の影響力は大きく、それまで京大の領分であった和歌山大、それからついには神戸大にまで東大出身の人間が就職した。京大に残されたのは、阪大だけになった」という趣旨のことを言った。これは、大塚史学全盛期を直接知る教師の言葉である。三〇年以上経った今でも

覚えているほどであるから、よほど印象深かったのであろう。いささか生々しい話だが、その影響力の大きさを如実に物語る例といえよう。

また、東大教授で著名な西洋中世史家の堀米庸三《ほりごめようぞう》は、次のように述べている。

この研究（本書の前身となった『欧州経済史序説』）が西洋史いな歴史研究に歴史研究一般に与えた深くして広い影響については、元来この研究が近代史に属するものであるだけに、われわれが云々すべきところではない。しかしそれは、そのような狭い専門の領域を跳び越えるところの、まことに文字通りエポックメーキングな研究であった。この研究に接したときのわれわれの感激がどのようなものであったのかは、研究上の悩みをわれわれとともにしない人びとにはおそらく想像もできないものであった。（堀米庸三『歴史の意味』中央公論社、一九七〇年、二四五～六頁）

堀米の表現は、やや正確さに欠けよう。戦後、人びとの心をとらえたのは、『欧州経済史序説』よりむしろ『近代欧州経済史序説』であった。しかしいずれにせよ、大塚久雄の研究は多くの歴史家に読まれ、すべての歴史研究者の前提知識として、大塚久雄の理論があった。このようなことはわが国で今後二度とないであろう。これが、最初に『近代欧州経済史序説』を書評の対象とする理由である。

本書の執筆時、大塚は大きな病に冒されていた。一九四一年、怪我で左ひざを痛め、それが悪化して一年あまりも身動きできないまま、病臥しなければならなかった。大塚は書かなければ死んでも死にきれないという思いで本書を書き上げた。

本来なら下巻も書かれるはずであったが、ふたたび病臥に伏し、考え方も変わり、ついに下巻が上梓されることはなかった。このため、のちに「上巻」の文字がなくなり、『近代欧州経済史序説』というタイトルになった（日本評論社、弘文堂から再刊された際は「上巻」となっていたが、その後、岩波書店から再刊された際に「上巻」の文字が削除された）。したがって本書は、未完の著である。だが、この本には未完ならではの魅力がある。もし下巻が出版されたなら、いったい何が書かれただろうという思いがそれである。

近世西ヨーロッパにおける自生的発達

本書は一見、奇妙な体裁をとっている。「商業革命と毛織物工業の関係」、そして「毛織物工業を支柱とするイギリス初期資本主義の展開」という二つの部からなる。すなわち、ヨーロッパの経済的拡張とイギリス国内の工業発展（しかも農村工業）が並列されているのである。イギリスがヨーロッパ最大の経済大国となったのは、毛織物工業の発展のためだとし、しかも毛織物工業発展の根源的理由を農村工業に求めたのである。

なぜ、そのような構成をとったのか。

大塚によれば、本書の叙述の究極的な意図は、近世西ヨーロッパにおける資本主義の自生的発達の基本的諸点を明確につかむことにある。「自生的」とは、大塚がしばしば用いた言葉である。それは、大塚を中心とする大塚史学ないし戦後史学の特徴をなした。続けて、大塚はこう述べる。

本書において見出される際立った特徴の一つが、近代資本主義（産業資本）の端初およびその社会的系譜は商業の発達一般、とりわけ前期的資本の発達のうちにではなく、むしろいわゆる中産的生産者層の独立自由な発達、特に農村工業・農村マニュファクチャーの自生的な発展のうちにたずねられるべきだ。

（『大塚久雄著作集第二巻　近代欧州経済史』岩波書店、一九六九年、一〇頁）

このような発想からするなら、工業の発展は、ヨーロッパの内生要因（内部の要因）によって説明されるべきだということになる。それを、大塚は「自生的」という言葉で表したのだ。

南欧諸国の凋落と蘭英の台頭

さて、具体的に『近代欧州経済史序説』の内容についてみていこう。

大塚によれば、地中海岸、なかでも北イタリア商業都市の繁栄は、何よりもレヴァント地方と西ヨーロッパ諸国との商品交換の仲立ち、すなわち中継貿易に依拠していた。ところが、突如として喜望峰回りのルートを開拓したポルトガルにより、中継貿易の主導権を奪われる。

こういう前提のもとに話が進められるのだが、じつは大塚の依拠したこの学説は、すでにヴェネツィア経済史の大家フレデリック・レイン（Frederic C. Lane, 1900-84）が英語で書いた論文によって一九三三年に批判されていた。レインは、喜望峰まわりのルートは難破などのリスクが大きかったので、一時的にポルトガルが優位に立っても、それは長続きせず、地中海経由でのヴェネツィアによる中継貿易が復活したと主張している。どうやら、大塚はレインの説を知らなかったようである。

レインのこの学説は、長いあいだ、ほぼ定説であった。ただしその後、単位換算を間違えているという批判も出され、こんにちでは定説とはいえない。

現在の学説では、ヴェネツィアが急速に落ちぶれたというのは明らかに間違いであり、ポルトガルが支配する喜望峰ルートへと徐々に移行したというのが、ほぼ定説だといってよかろう。大塚は誤りを犯した。大塚が依拠していたのは主としてドイツ語文献であり、英語文献への目配りが足りなかったと批判されても仕方あるまい。

ただ、現在の歴史学から考えた場合の問題点としては、英語文献への目配りが足りなかったことよりも、むしろ、大塚や戦後史学が、ある事件や出来事をきっかけとして、世の中の仕組みや構造が急速に変化すると考えた点にある。現実世界を構成する仕組みや価値観はゆっくりとしか変化しない。それが歴史の現実なのであるが、大塚をはじめとする戦後史学を牽引した研究者は、(ある特定の事件によって世界の構造が大きく変わるという)非常に単純な事件史史観をもとに歴史学を構築していた。

とはいうものの、大塚の構想力の壮大さは、学説への目配りの不十分さを補って余りあるものであった。

大塚によれば、香料に代表される「東邦の物産」の対価として重要なものは、貴金属、とりわけ銀であった。当初は南ドイツの銀がもっとも重要であったが、新大陸貿易の発展で、スペイン領アメリカからの銀のほうが圧倒的に多くなる。そこで大きな役割を演じたのが、イギリス製の毛織物であった。スペイン領アメリカの銀の対価として輸出されたのである。

東インド貿易は仲立ち貿易(中継貿易)の性格を備えており、時代が進むにつれてその特徴が顕著になっていく。これに対し、新大陸貿易は毛織物という工業生産物の広大な販路を提供することになり、西ヨーロッパ諸国における工業生産の発達と緊密な関係をもっていた。毛織物工業という生産的基盤は、国際商業で勝ち抜くうえで、いまや一つの不可欠の条件となったのである。

大塚は、このような視点から、南欧諸国の凋落とオランダおよびイギリスの興隆を説明しようとした。

オランダ中継貿易の瓦解

大塚によると、古くからヨーロッパ最大の毛織物生産地域であった南ネーデルラントでの毛織物の原料は、イギリス産羊毛からスペイン産のそれに変わる。そしてスペイン領新大陸の広大な販路と結びついて発展していった。

一四世紀中頃までのイギリスは、羊毛の生産地であった。しかし一五世紀末から一六世紀半ばにかけてのエンクロージャー運動により、エリザベス女王（在位一五五八～一六〇三年）が即位する頃には、南ネーデルラントと並んでヨーロッパ第一流の毛織物生産国となった。そしてその二大市場は、アントウェルペンとスペインであった。

一五八五年にスペイン軍によりアントウェルペンが陥落すると、多数の人びとがそこから北ネーデルラント、すなわちオランダに移住し、毛織物工業はゼーラントを中心に栄えるようになった。一六一〇年代になると、オランダ毛織物はイギリスのそれと対抗できるまでに成長する。

しかしオランダの繁栄の端緒はバルト海貿易を基軸とする中継貿易にあり、それに南ネーデルラント伝来の毛織物が接ぎ木されたにすぎない。この二つの土台の上に、東インド貿易と新大陸貿易が打ち立てられていたのである。

大塚によれば、このようにオランダの繁栄は全体として中継貿易を中心としたものであったのに対し、イギリスの繁栄は毛織物の輸出に基盤があった。そのためにイギリスでは毛織物工業を中心に国民経済が発達したのだが、中継貿易を重視したオランダにはそれは不可能であり、やがて衰退していくことになる。

イギリスの国民的輸出産業であった毛織物工業では、ひろく農村地域に立地をもつ織布工程が強かったのに対し、オランダの毛織物工業は、仕上げ業の比率が高く、加工貿易工業の性格が非常に強かった。たしかにライデンの毛織物は織布工程も発展していたが、一六七〇年代にはかなり衰退したため、オランダの毛織物工業は、仲立ち的性格をますます強めた。

これに加えてイギリスは、中継貿易を自国商人の手中に奪取することを意図して、航海法を制定した。イギリスは一八世紀中頃までに、自国産の毛織物をアムステルダムおよびその商人の仲介を経ることなく、自国商人の手で直接さまざまな地域へと輸出するようになったのである。こうしてオランダの中継貿易による繁栄は、一七三〇年代には完全に瓦解した。

フランスも、コルベールの主導により経済成長をこころざすが、「独立工業」としての綿布業は、特権的マニュファクチュール制を根幹としていた。そのため農村工業として広範に展開することができず、イギリスとの競争に敗れたのである。

大塚はこのように、農村工業の発展を重要視する。農村工業における毛織物生産の増大こそが、イギリスの経済発展を支えたと考えるからである。

しかしこれは、あまりに生産中心の史観というべきであろう。

近代資本主義の典型としてのイギリス

イギリスは、いわゆる「近代資本主義」の自生的発達のもっとも正常的な類型を示す、と大塚は主張する。したがって大塚の研究手法は、必然的にイギリスをモデルとした比較史となる。

大塚は、徹頭徹尾、毛織物を重視する。それは、イギリス産業革命の主要商品であった綿織物生産額が毛織物生産額を上回るのは、ようやく一九世紀に入ってからであり、その時点でイギリスはすでに産業資本主義段階に入っていたからである。

大塚によれば、毛織物は、テューダー絶対王政の時代には、すでに国民的な産業であった。そしてイギリス毛織物工業の国民的産業としての成長は、とくに「農村工業」の姿をとって進行した。その中核をなしたのは、独立自営農民であるヨーマンであった。毛織物工業は産業資本的な経営形態をとり、「マニュファクチャー」の萌芽が広く形成されはじめていた。

一五世紀以降、農民たちはエンクロージャー運動の嵐に吹きまくられ、土地から追い立てられて浮浪者と化した。彼らは、毛織物工業の労働者として働かざるをえなかった。救貧法によって、彼らを救おうとする動きがみられたのも、この頃のことである。

毛織物の織元のなかには「マニュファクチャー経営者」として活動する者が出てきた。「問屋制度」という外皮を取り除いてみるとき、眼前に現れるのは、広範な「国民的」中産的生産者層と、そこから成長してくる近代職場主（マニュファクチャー主）の姿である。そして、主として職場主からなる「農村の織元」が典型的なマニュファクチャー経営者になり、前近代的な「問屋制前貸人」という性格を帯びた都市の織元を圧倒した。これにより国民的産業である毛織物工業がイギリスの農村に根づいていき、最終的に「農村の織元」の手によって、イギリスの近代的資本主義へと発展したのである。
これが、大塚の考え方であった。

大塚史学の到達点と限界

このようにまとめてみて、七〇年以上も前に、よくこれだけの構想力を持った本が書けたものだと、感嘆せざるをえない。本書は、すさまじいばかりの構想力の本である。また、非常にクリアカットな叙述ともいえる。

すべての経済成長は、国民的産業である農村工業の発展と、それを担った中産的生産階層に収斂されると、大塚はいう。そのモデルとなった国は、むろんイギリスである。だがその一方で、イギリスではほとんどの毛織物がロンドンから輸出されたのだから、ロンドンの研究が重要だという発想はまったくない。

イギリスの輸出毛織物のほとんどは、一六世紀後半には、ロンドンからアントウェルペンに未完成のまま送られ、そこで完成品となった。しかし一七世紀が進むにつれ、イギリス毛織物は、完成品としてヨーロッパ各地に送られるようになった。したがって大塚は、イギリス毛織物が、ロンドンを通してどこに売られたのかということを研究すべきだったと思われる。

毛織物の国際競争という観点からみるなら、これは大きな欠陥といえよう。だが、国家間の比較史を研究の基軸に据える大塚には、このような問題点があるとは理解できなかったものと思われる。

実証的な研究は、時代的に無理であったろう。むしろ一つのシェーマに引き付け過ぎているところがかえって、人びとの心に訴えたのかもしれない。

現実の世の中は複雑であるが、それを解きほぐすような単純な理論を、一般に読者は好む。イギリスがなぜ世界最初の工業国となり、先進的な市民国家になったのかという問題に対して、端的な回答を大塚は提供した。それは、現在から見るとフィクションだったかもしれない。しかし戦後しばらくのあいだ、大塚の理論は、読者に十分なリアリティを提示したのである。

ヨーロッパが対外的拡大を遂げたことを、大塚は認めている。しかし大塚にとっては、何よりも国内で独立独歩の中産的生産者層（イギリスの場合はヨーマン）が、農村工業を発達させたことが重要なのである。

本来なら、世界システム論のように広大な世界を扱うことが可能であった大塚の歴史学が、国内史の研究に向かい、小さな世界を扱うようになったことが惜しまれてならない。そもそも、前半部分でヨーロッパの拡大を扱っておきながら、結論が「独立自営農民＝ヨーマンが中核となって生産した農村の毛織物工業があったから、イギリスは近代的な資本主義を発展させた」というのは、理論の飛躍というべきであろう。

輸送コストという盲点

大塚は、イギリスにおける航海法の重要性を認めている。それは、国内の毛織物製品をオランダの手を経ずに輸出できたからにほかならない。

一見説得的な論であるが、じつはここにも問題がある。

オランダ船のほうが安く運搬できるとすれば、何もイギリス船を使うことはない。イギリス船を使えば毛織物の最終価格はかえって高くなり、イギリスの毛織物は売れなくなる。実際、ヨーロッパ諸国のなかには、自国船ではなくオランダ船を使ったほうが安く運送できると考えていた国も珍しくはなかった。スペインやポルトガルがそれに当たる。おそらくイギリスの毛織物も、オランダ船で輸送したほうが販売価格は安くなったはずである。言い換えるなら、わざわざ自国船で輸送することを義務づけた航海法が、毛織物の輸出を促進したとは、私には考えられない。

むしろ、自国の毛織物の海外での販売ではマイナスであったとしても、オランダ船を排除することによってオランダが大きな利益を獲得するのを防ぐための法であったと考えるべきであろう。ようするに大塚は、近世の輸送コストの高さをよく理解していなかった。自由経済を推奨したとされるアダム・スミスでさえ、航海法を「イギリスがこれまで生み出してきた、もっとも効果的な通商上の規制」といっているのだ。大塚は、海運業の重要性を把握していなかった。

イギリスの海運業は決して中世から盛んだったわけではない。クロムウェルによる航海法に後押しされて発達し、一八世紀末にヨーロッパ最大の海運国家となったのである。しかし大塚は、そのような現象ではなく、イギリス国内で、原材料の段階から完成品に至るまで一貫して製造することが重要だと主張した。こうした見方は、史実ではなく、大塚の経済観に基づくといったほうが適切であろう。

世界商品としての綿織物・砂糖

また、綿織物の役割を著しく過小評価している点も気になる。イギリスは、毛織物ではなく綿織物で世界市場を制覇した。毛織物とは異なり、綿織物はヨーロッパよりも気温が高いアジアに住む人びとも購入した。さらに毛織物とは違い、何度も洗えるので、購入する人びとが多かった。つまり、毛織物よりも需要が多かったのである。イギリスは、決して毛織物から産業革命をおこしたのではない。この点を、大塚は一体どう考えていたのであろうか。

また、大西洋貿易でもっとも取引された商品は、長期的には銀ではなく、砂糖であろう。銀がほぼスペイン領の植民地のみに発見されたのに対し、砂糖は、大西洋貿易に参加したほとんどの国が西アフリカから運んだ奴隷を使ってサトウキビを栽培した。大塚は、奴隷にも砂糖にも、まったく言及していない。商業や金融業は資本主義にほとんど寄与せず、農村工業こそが、資本主義を生み出したと考えたのである。

ロビンソン・クルーソーの世界

本書の上梓以降の大塚は、マックス・ヴェーバーの影響もあり、近代化を生み出した人間類型に興味を移したように思える。彼がしばしば取り上げたのは、ロビンソン・クルーソーである。

大塚によれば、ダニエル・デフォー（一六六〇～一七三一）が書いた『ロビンソン・クルーソー』の主人公は、中産階級に位置する農民の代表的人物であった（大塚久雄『社会科学の方法』岩波新書、一九七七年）。

投機的商人であったロビンソン・クルーソーは、孤島に流され、たった一人で二〇年以上暮らした。そして、当時の第二次エンクロージャー運動の影響を受けたクルーソーは、孤島の土地を囲い込み、農業生活をおくる。

冒険的な商業で一攫千金を目指していたことを反省したクルーソーは、バランンス・シートをつくり、毎日日記をつけ、合理的な計算に基づいた生活を営むようになる。これは、イチかバチかの投機的事業を特徴とする商人の世界とはまったく対照的であった。やがて彼が発見され、故郷のイギリスに帰ると、商人をやめて地主になり、より地道な生活を送るようになったと、大塚はいう。

だが、大塚の説明とはまったく異なり、バランス・シートを作成し、簿記や日記をつけるのは、むしろ商人の特徴である。商人は、イチかバチかの商業をするのではなく、緻密にリスクを計算し、そのうえで冒険的事業に乗り出す。

また商人は、どの国でも、引退してから地主になるのがふつうであった。当時の船舶での生活は体力を消耗したため、貿易活動は決して長く続けられるものではなかった。だからこそ、彼らは引退すると、地主になって余生を送ったのである。

ロビンソン・クルーソーは当時の国際貿易を体現した商人であり、決して農村工業で活躍する中産階級の代表ではなかった。学説史をきちんと追っていたなら、このようなことは考えなかったはずである。時代の制約という点を加味したとしても、大塚の研究史整理に偏りがあったことは否めないであろう。

戦後史学の終焉

大塚が活躍した昭和一〇年代から三〇年代にかけ、ヨーロッパはまだ遠く、留学することは至難であった。大塚自身は留学経験がなく、ヨーロッパに行ったこともあまりない。だからこそ現実のヨーロッパではなく、「ヨーロッパはこうあって欲しい」という研究スタイルがとれたのであろう。

大塚は、その時代の経済史のみならず、歴史学のチャンピオンであった。『近代欧州経済史序説』における研究史は、大塚独自の視点からまとめられたものであり、現地の研究をそのまま取り入れているとはいえない。

大塚を中心とする歴史学を「戦後史学」と呼ぶことがある。ただ、戦後すら遠くなった昨今では、この表現は理解されないかもしれない。それは、日本の社会が欧米の市民社会からからずいぶん遅れており、まだ民主主義が確立されておらず、とりわけ世界で最初に産業革命を成し遂げ、民主的な市民社会を確立したイギリスが西洋史研究の中心となった時代だと考えていただければよかろう。

イギリスをモデルにするというのは、一九世紀末から二〇世紀にかけて活躍したドイツの社会学者マックス・ヴェーバーの立場と同じである。ヴェーバーはイギリスの先進性とドイツの後進性を強く意識した。大塚が、そして多くの日本の知識人がヴェーバーを読み、彼に依拠して論を展開したのは、ヴェーバーの時代のドイツと、戦後史学が席巻していた頃の日本が、同じような知的状況にあったためであろう。

日本は戦争に負けた。それは市民社会の成立が不十分であったためである。そう信じる人びとが大勢いた。ヨーロッパは、とりわけイギリスは、日本よりずっと進んでいると考えられていた。これは、イギリスに行くことがほとんど不可能だったために生じた現象である。だからこそ、多くの人びとが大塚の学説にリアリティを感じたのである。

大塚が提示したのは、現実のイギリスではなく、多くの日本人が「こうあって欲しい」というイギリスであった。イギリスは、日本が模範とすべき国だったからである。それは、いわばフィクションであった。しかし当時の日本人にとっては、そのフィクションにリアリティがあったのだ。

これは、決して大塚への批判ではない。歴史学は、たしかに実証の学問である。しかし同時に、その叙述から、ある時代と地域のリアリティが感じられるものでなければなるまい。こんにちの目から見れば、大塚の主張は、実証的に大きな問題があったであろう。使える史料が限られ、コピー機すらなく、外国人研究者に会うことなどなかった時代の研究者の宿命ともいえよう。だが、大塚の叙述は、戦後しばらくのあいだ、多くの日本人に、たしかに西洋のリアリティを提示したのである。

たとえ詳細な実証分析をしたとしても、大塚のようなリアリティを感じさせる研究は、ほとんどあるまい。きちんと実証することと、読者にリアリティを感じさせる叙述をすることは、別の事柄である。大塚は、後者の点で大変すぐれていたのである。

ところが日本が経済成長し、ヨーロッパへの留学生が増え、現実のヨーロッパが見えてくるようになると、大塚史学の影響力は失われていく。それは、大塚の学説にリアリティがなくなっていったからである。忘れてはならないのは、リアリティとは、時代とともに変化するということである。

新しい潮流は、基本的に関西から起こった。関西大学の矢口孝次郎《やぐちたかじろう》（一九〇三〜七八）、和歌山大学の角山榮《つのやまさかえ》（一九二一〜二〇一四）、京都大学の越智武臣《おちたけおみ》（一九二三〜二〇〇六）がその代表である。彼らは、イギリス経済の担い手は、ヨーマンではなく、ジェントリーであると考えた。なかでも越智は、経済史のみならず、大塚がベースとしたマックス・ヴェーバーの思想史家としての問題点を指摘した『近代英国の起源』を一九六六年に上梓して、一世を風靡することとなる。『近代欧州経済史序説』の出版から二二年後のことであった。

第2章　戦後史学への挑戦

越智武臣『近代英国の起源』ミネルヴァ書房、一九六六年

「あるべき」イギリスから「現実にあった」イギリスへ

「本が売れない」とは、私の大学生時代からしばしば聞かされた言葉である。あの頃は学生が本を買わないという意味であったが、この頃は、教員も本を買わない時代になった。

しかし本書が上梓された頃は、まだまだ専門書でさえ比較的売れていた時代である。『近代英国の起源』の初版が何部刷られたのかは知らないが、その初版は予約注文だけで売り切れてしまったという。

現在の研究水準でみれば、もちろんさまざまな点で乗り越えられた本だと思う。一次史料はほとんど使われていない。優秀な学部生なら、卒論でこれよりも多くの一次史料にあたることさえ可能であろう。

博士論文ともなると、もっと多数の一次史料にあたり、さらにより多くの研究史を整理して書か

なければならない。それはきわめて精緻な研究になる。

しかし本書ほどのインパクトを読者に与えることはできまい。『近代英国の起源』は、それほどまでにすぐれた作品である。一次史料をふんだんに使うことと、後世に残る研究を書くことは同じではない。本書は、単に歴史書としてだけではなく、文学作品としてさえ読めるかもしれない。

本書が書かれた背景を理解するうえで、いわゆる「戦後史学」の潮流を知ることは不可欠である。なぜなら越智《おち》は、戦後史学に対する反発から本書を書いたという一面もあるからである。そういう意味では、越智も、戦後史学の落とし子といえよう。

前章で述べたように、戦後史学とは、東京大学経済学部の大塚久雄を中心とする学派であり、その手法として比較経済史をもちいる。比較の基準は、イギリスであった。イギリスは典型的に近代化を成し遂げた国であり、他の国々の近代化の程度はイギリスとの差異で示された。そして、一国が一つの経済圏を形成するという「国民経済」を前提としていた。

前章で述べたように、戦後史学が、ようするに「あるべきイギリス」をみていったのに対し、越智は「現実にあったイギリス」をみていこうとしたのである。歴史家としての越智にとって、重要なことは、現実のイギリスであった。その想いは、留学してさらに強くなった。

留学経験が変えた越智史学

戦後史学の代表的研究者である大塚久雄には、第二次世界大戦の影響もあり、留学経験がなかったのに対し、越智は一九五七年から翌五八年にかけてヨークシャーのハル大学に留学している。その差は、決定的なまでに大きい。なお、この頃ヨークシャーには日本人は二人しかおらず、その二人とも後年、大学の学長になった。留学が、いかに限られた人びとの特権であったかがわかろう。

当時、イギリスに関する情報は少なかった。越智はこの留学で現実のイギリスを目の当たりにし、戦後史学では到底語ることができないイギリスの実態を発見した。越智は、もともと大塚久雄の学説には反対であったが、留学以降、戦後史学に対する反発を強めたように思われる。逆に言えば、戦後史学がなければ、本書は誕生しなかった。

現実のイギリスとは、正確には、越智の目に映ったイギリスであった。そして越智は、この国をイギリスたらしめた、より正確には、イングランドたらしめた要素を描く。「英国」という言葉を用いてはいるが、実際にはイングランド史の本である。『近代英国の起源』は三部からなり、それぞれが三章に分かれ、さらに三項に分かれる。

このように本の構成に凝るのは、越智の美意識の現れであろう。越智の父親は画家であり、越智自身、絵心があった。本書にリチャード・バクスターがいたキダミンスター教区教会のスケッチが挿入されているのはそのためである。また、越智がもっとも尊敬した歴史家は、トーニー（Richard Henry Tawney, 1880-1962）である。それは、本書がトーニーに捧げられているばかりか、越智の書斎にトーニーの写真が飾られていた（私自身、その目撃者である）ことからも明らかであろう。

全体の枠組み

前置きがやや長くなってしまった。本書の内容を紹介していこう。

第一部では政治、第二部では経済、第三部では文化が扱われる。第一部は「政治変革の進展」（第一章「国民国家の覚醒」、第二章「絶対王政の風土」、第三章「革命政治の底辺」）、第二部は「社会経済の変貌」（第四章「国民経済の屈折」、第五章「農業革命の進行」、第六章「社会変動の諸相」）、第三部は、「国民文化の生成」（第七章「人文主義の行方」、第八章「清教主義の本質」、第九章「経験論への道」）という構成である。越智の真骨頂が現れているのは、おそらく第三部である。

三部構成で、それぞれ三章からなる。これを、越智はシンメトリカルな構造だと言った。これは、越智の美意識である。越智の美意識は強く、『近代英国の起源』のゲラが届いたとき、漢字、ひらがな、カタカナの比率がどの頁でも同じになるように工夫したということを、私は川北稔から聞いたことがある。

第一部　政治変革の進展

第一部冒頭に、「経済史のための経済史、歴代王朝の名さえおぼつかない、いや国名さえ定かでない経済史がはびこるに及んで……」というくだりがある。これは明らかに戦後史学への反発であり、どの国の経済史も、一様に近代社会の形成という図式に当てはめて描く様を批判しているのである。もっとも、この傾向は、計量経済史が発達し、すべてを表とグラフと数式で説明している現在のほうが顕著であろう。

第一部では、テューダー朝の政治過程が分析される。ヘンリー七世の即位（一四八五）からエリザベス一世の死（一六〇三）までは一一八年。この間に、イギリスは大きな転換を迎える。祖父から孫までの三代しか続かなかった王朝で、大きな国制の転換があったのである。しかもそれを成し遂げたのは、じつは国王ヘンリー八世ではなく、国璽尚書にまで上りつめることになったトマス・クロムウェル（Thomas Cromwell, 1485-1540）であったという、エルトン（Sir Geoffrey Rudolph Elton, 1921-

94）が提起した学説に依拠して論を進める。

この改革はむろん、ローマ法王に対抗して、英国国教会を形成した点に最大の成果がある。イギリスはカトリックから完全に独立した。そして、その他諸々の改革が一五三〇年代におこった。エルトンは、これをテューダーの「行政革命」と呼んだ。越智は、ここに国民国家の覚醒をみた。

さらに越智は、このような枠組みのもとに絶対王政の確立に成功したイギリスの議会制度は、決して民主的なものではなく（こんにちでは当たり前であろうが、本書出版当時の日本ではイギリスは議会政治の中心とみなされていた）、派閥とパトロネジによって動かされていたと主張する。

ピューリタン革命について革命史の研究史を述べたあと、越智は、トーニーのジェントリー勃興説、すなわち、この革命でジェントリーと呼ばれる階層が勃興したというトーニーの学説ではなく、ジェントリーのなかには勃興した人も没落した人もいたというトレヴァ・ローパー（Hugh Redwald Trevor-Roper, 1914-2003. 近世イギリス史家であり、ヒトラーの研究者としても有名）の説を支持する。

越智が依拠したエルトン学説は、現在のイギリス史研究では否定されつつあり、イギリスの国制は長期にわたり変容したとする説のほうが強い。また、グローバル・ヒストリアンとして著名なパトリック・オブライエン（Patrick O'Brien, 1932-）は、王政復古以降の対外的発展に国制の転換をみる。

結局、ピューリタン革命が何だったのかということについては、こんにちに至るも、結論めいたものは出されていない。イングランドだけではなく、スコットランドとアイルランドが加わった三王国戦争という見方もある。

第二部　絶対王政の風土

第二部の第一章で、越智は一九四〇年に *Economic History Review* に掲載されたフィッシャー（Frederick Jack Fisher, 1908-88）の論文を利用しつつ、ロンドンとアントウェルペンの経済的関係の強さを強調する。

余談になるが、越智はこの論文を、早稲田大学の小松芳喬（一九〇六～二〇〇〇）から借りて読んだ。小松はどのような伝手をたどってかはわからないが、戦時中からひそかに世界最高峰の経済史の雑誌 *Economic History Review* を輸入していた。それを耐火式書庫に入れていたが、東京大空襲で書庫自体が燃えてしまい、書庫に水をかけて消火した。このとき雑誌にも水がかかってしまったため、ページがなかなかめくれなかったと、越智は私に直接話してくれたことがある。

持ち主の小松にはフィッシャーの重要性はわからなかったが、越智にはそれがわかった。二人の歴史家としての資質の相違であろう。

フィッシャーによれば、イギリス最大の輸出品は未完成の毛織物であり、そのほとんどはロンドンを通じて冒険商人組合の手によりアントウェルペンに送られ、そこで完成品となり、ヨーロッパ各地に輸出された。ロンドンからの毛織物輸出は、一六世紀前半には伸びるが、後半には停滞する。それは、同世紀前半にはイギリスの貨幣が悪鋳されたためポンド安になったが、世紀後半にはポンド高になり、輸出が困難になったためであった。

一六世紀半ばには、それを打破するため、イギリスは新市場をもとめ、北東航路を探検する。一五八〇年にはレヴァント会社を創設し、トルコへの輸出を目指す。さらにより薄手の「新毛織物」を地中海方面に輸出するようになる。イギリスの貿易構造は大きく転換したのである。

越智は、フィッシャーの重要性には気づいた。しかし、フィッシャーの論の本質はわからなかったようである。フィッシャーは開発経済学の影響を大きく受けており、イギリスはアントウェルペンによって低開発化されていたと考えた。つまり、そこからの離脱こそが、イギリスに経済成長をもたらしたと考えたのである。

フィッシャーは、単に毛織物がアントウェルペンに輸出されたということを論じたわけではなかった。この点はあとで述べるように、越智の教え子である川北稔によって咀嚼され、さらに発展させられることになる（第三章参照）。

あとの二章は、農業革命に関係する。よく知られているように、近世のイギリスでは、囲い込み運動が進められた。越智は、トーニーの『一六世紀の農業問題』（*The Agrarian Problem*）をもとに農業問題を論じる。トーニーは、Agrarian Problems という複数形ではなく、定冠詞の the、単数形の Problem を用いた。それは、一六世紀の農業問題とは、慣習保有農、なかでも謄本保有農の問題だからである。

謄本保有農はヨーマンであり、貴族、ジェントリー（平民の地主）の下に位置する階層である。大塚史学によれば、ヨーマンリーは独立自営農民＝中産的生産層であり、彼らこそがイギリスの近代化を担った。しかし越智は、ヨーマンはむしろ近代イギリス形成の過程に埋没していく階層であり、ジェントリーこそが近代イギリスの担い手だと考えた。

このジェントリーが、一五四〇年代から一六四〇年代に興隆したという説を、トーニーは主張した。これに対してはトレヴァ・ローパーが批判をし、ローレンス・ストーン（Lawrence Stone, 1919-99. 近世イギリス史家。ピューリタン革命、家族史の研究者）がトーニーを支持して、この論争に参加した。

私のみるところ、現在もなお、この論争の決着がついているとはいい難いが、ジェントリーの担った役割の大きさが理解されたことが大切であろう。

第三部　国民文化の生成

越智は、近代イギリス文化の理想像を表すために、ジェントルマン・イデアールという語をつくった。英語とドイツ語からなるこの用語は、英語そのものよりも、イギリス人の理想の実態を示しやすい。一六世紀半ばに、騎士道倫理と人文主義から生まれたジェントルマン・イデアールこそ、ずっとのちの時代に至るまで、イギリス人の精神的基盤となったと主張したのである。

大塚史学でたびたびいわれていたこととは異なり、清教主義はイギリス史にあまり大きな影響は与えなかったと、越智はいう。

ここで越智は、清教主義の代表としてリチャード・バクスターを取り上げる。バクスターは、じつはマックス・ヴェーバーによって、禁欲的な性格もつ資本主義者の代表的人物だとされた。けれども越智は、バクスターは資本主義の精神の持ち主とは到底いえず、さらに清教徒は、伸びゆく資本主義が路傍に押しさった石だとして、ヴェーバーの説を退ける。それはまた、ヴェーバー説に依拠していた大塚への反論でもある。

これは、ヴェーバーが神様扱いされていた当時の日本の学界では、大変な勇気が必要であったに違いない。

さらに越智は主としてジョン・ロックの理論を用いながら、経験論の受容について論じる。清教徒革命という混乱のあとで、常識性と主知主義が生まれた。これはまた、イギリスの経験論の特徴である。教条主義から覚めた人びとにより、合理主義的な思想が生み出されたのであるとした。政治・経済・文化という三分野からなる『近代英国の起源』は、たちまちのうちに多くの人に読まれることになる。戦後史学を倒したとはいえないが、それに対する強力なアンチテーゼとなったのは確かである。

その影響

越智の『近代英国の起源』は、どのように評価されているのだろうか。実を言うと、高く評価されてきたという以外に、適当な言葉が見つからない。大塚久雄と異なるのは、「シューレ（学派）」は形成しなかったということである。したがって、ここでは、越智の研究がのちにどのような影響を与えたのかを指摘するに留めたい。

第一部の政治については、越智の直弟子で、この分野をそのまま受け継いだ人物はいないように思う。ただ、異論はあるだろうが、今井宏（一九三〇〜二〇〇二）が、越智の研究に大きな影響を受けたといえよう（『イギリス革命の政治過程』未來社、一九八四年）。

第二部の経済については、弟子の川北稔（一九四〇〜）が発展させた。川北は越智とは違い、トーニーではなく、むしろフィッシャーの影響を強く受けた。川北はすでに一九六〇年代に、計量経済史を研究していた。そして、その成果を基盤として、越智を超える業績をつくっていく。

第三部の文化に関して、すなわちジェントリーがイギリス史の担い手だったという考え方は、越智の弟子たちに受け継がれる。一八世紀については川北が、一九世紀については村岡健次（一九三五〜）が、それぞれ越智の研究を深化させた。

また、越智によるヴェーバーの研究手法への批判的見解は、のちに『マックス・ヴェーバーの犯罪』（ミネルヴァ書房、二〇〇二年）を書いた羽入辰朗に受け継がれていく。羽入は、文献主義的な方法でヴェーバーの方法論を批判する。羽入は、越智の方法論をさらに発展させ、ヴェーバーの史料の使い方は恣意的であり、全体の文脈に関係なく、自分に都合の良い部分だけを取り上げて論じているとした。

その評価

『近代英国の起源』が上梓されて五〇年。この本はどう評価すれば良いのか。全体として、こんにちの目から見れば明らかに古い。しかし、いまだに読む価値がある。本書は、「研究」というより「作品」という言葉がふさわしい。一つの文学作品のようでさえある。本書は、一種の結晶のように美しい。本書はパーツごとに読むのではなく、全体として読まなければ理解できまい。そのような歴史書を、私はほかに知らない。

越智は、じつは客観的な分析はあまり得意な歴史家ではなかった。『近代英国の起源』とは、あくまで越智の目に映った近世イングランドの姿であった。

越智のようなタイプの歴史家はきわめて少ない。研究対象への思い入れが強すぎ、客観的叙述といえるかどうかは、疑問である。そのために、越智の歴史学をそのまま継承する歴史家は現れなかったのだと思われる。私は、それを残念なこととは思わない。歴史学とは、もっと客観的な学問だと考えているからである。

越智が提示した近代英国の全体像は、一幅の絵である。そのような美しさを本書はもつ。絵は全体として鑑賞しなければならないが、研究は、パーツごとに分析できるようにしなければならない。だからこそ研究は、より実証的になる。そしてそのパーツを使いながら、歴史家は、別のパーツを発展させたり、組み合わせることで、新しい歴史像を生み出す。そこには、継続と発展がみられるはずなのである。

歴史学の進歩とは、そのようなものではないか。一幅の絵であった『近代英国の起源』が、やがてパーツごとに論じられ、新たな歴史学へと発展していったこと自体が、その証拠となろう。

その人柄

ここまでは『近代英国の起源』の内容に即して叙述してきた。ここで読者に、越智の人となりを語ることをお許しいただきたい。『近代英国の起源』は、このような人物によって書かれたということを知っていただきたいのである。また本書を読んだことがある方には、越智の人柄を知っていただきたい。そうすれば、『近代英国の起源の』の理解も深まるのではないかと思う。「文は人なり」という。越智は、『近代英国の起源』の文体通りの人物であった。

私は学部生として一年間、大学院生として二年間、越智の授業をとった。一九八六年——越智の京大退官の前年——の四月、当時、同志社大学文学部英文学科で非常勤講師をしていた越智の授業を聴講させてもらったのが出会いであった。

まず驚いたのが、英語の発音の正確さであった。大学入学以来、発音記号とはかなり異なる発音をする西洋史の先生が少なくない状況に慣れていた私にとって、それは新鮮な驚きであった。越智の英語力はたしかに高く、だからこそ難解で知られるトーニーの英語を読みこなし、『近代英国の起源』を書けたのであろう。

授業が終わると、たいてい喫茶店に誘われ、コーヒーをごちそうになった。話題は多岐にわたった。いつもは温厚な越智が、戦後史学について語るときには、非常にエキサイトしていたことを今も覚えている。大塚史学への批判者というだけで、謂われない誹謗・中傷を受けたと感じていたからである。その意味では、越智は大変繊細な人であったように思う。また、ロマンティストであった。

しかも、不器用な人でもあった。テレフォンカードの使い方を教えたのは、この私である。越智は、「僕はメカには弱いので、テレフォンカードの使い方がわからないのです。あなた、教えていただけませんか」と言った。このような人物が大学の学長をつとめられたのは、古き良き時代だったからであろうか。

また、最後までコピー機を使うことができなかった。パソコンやワープロが使えなかったことはいうまでもない。しかし、だからこそ、あのような美文が書けたのであろう。西洋史家のなかに、名文家を探すことはさほど難しくない。だが、美文家は越智一人であったと私は思っている。その美意識が、ときとしてナルシシズムを感じさせることもあった。

越智のトーニーへの傾倒ぶりは驚くほどに強く、トーニーの『一六世紀の農業問題』は暗唱するほど読んだと言っていた。たぶん越智が六四歳のときのことだったと思うが、突然、黒板にラテン語で文章を書いた。私は、越智はラテン語もよくできるのかと驚いたが、じつはトーニーの文章の一節を引用したものであった。初めて読んでから四〇年近くたっても、その文章を覚えていたのである。

越智は、教育にも大変熱心であった。越智邸に京大の院生や学生たちが集まり、夜中まで研究会を続けた。通称、越智研。現在関西に在住するイギリス史のシニアのメンバーは、ほぼこの越智研の出身である。それを支えたのは、献身的な奥様であった。

越智の書斎に何度も通い、話をしてもらったことは、生涯忘れられない思い出である。そのたびに、奥様がまずお茶を、しばらくたつとコーヒーとお菓子をもってこられた。奥様は非常にきれいな京都弁を話されるので、ときどき理解できないことがあった。お二人は、それぞれ「お母ちゃん」「お父ちゃん」と呼び合っていた。仲睦まじい姿であった。

越智に最後に会ったのは、二〇〇四年の六月であった。病院に入院しているというのでお見舞いに行くと、越智は無精髭を生やして座っていた。私はそのような越智を見たことはなく、ショックであった。ただ、物腰はいつも通り穏やかであった。もうこの人には二度と会えないかもしれないと思うと、涙が出そうになった。この偉大な歴史家をみる最後の機会だったのだろうかと、病院を出て思った。

訃報は、二〇〇六年一月、自宅近くの喫茶店でモーニングを食べているときに読んでいた新聞で知った。覚悟していたとはいえ、とても悲しかった。このときは、人前ではあったが涙が出た。享年八二歳。

越智が残した最大の作品が『近代英国の起源』であったことに、疑いの余地はない。そして献身的な奥様がいたからこそ、本書が書けたことも、それと同じくらい明らかなことである。越智は、最高の伴侶を得た。私は越智を大変尊敬しているが、奥様はそれ以上に尊敬している。今では、その奥様も鬼籍に入られた。

第3章　新しいパラダイムの形成

川北稔『工業化の歴史的前提――帝国とジェントルマン』岩波書店、一九八三年

コピー機のない時代

論文や史料はインターネットで検索し、PDFファイルでダウンロードすることが、だんだんと当たり前になってきた。雑誌は、電子媒体のものが増えている。洋書はアマゾンで注文し、それでも見つからなければ、インターネットの洋書店であるAbeBooksで古書を探す。史料は、デジタルアーカイヴを利用する。

それが二一世紀、とりわけ二〇一〇年代にはじまった研究スタイルであろう。私の最初の単著となった『北方ヨーロッパの商業と経済　一五五〇～一八一五年』(知泉書館、二〇〇八年)は、アマゾンとAbeBooksで大量の本を購入しなければ執筆不可能であった。

とはいえ、私はもはやolder generationに属し、インターネット上で原史料を読むこと、そしてPDFファイルの文献には、今なおしっくりこないものがある。私は、史料は文書館にあり、雑誌

論文などはコピーするのが当然だと思っていたからだ。私には、コピー機を使わずして研究することなど、想像もできない。

では、コピー機がない時代の歴史家はどうやって研究したのだろうか、実感をもって想像することは難しい。答えは単純で、ひたすら文献を書き写したのである。そう、「ひたすら」である。

第Ⅰ部　経済成長

ここで取り上げる『工業化の歴史的前提』を著した川北稔が大学院生だった一九六〇年代半ばには、コピー機なるものは日本にはなかったはずである。そのなかで川北は、翻訳するようにして欧文の論文や書物を読んだ。修士課程の二年間に、その数は七〇〇を超えた。川北は、ウォーラーステインの『近代世界システム』の第一巻で使われている参考文献は、ほとんど読んだという（川北稔著／聞き手・玉木俊明『私と西洋史研究――歴史家の役割』創元社、二〇一〇年、一五六頁）。

このような広いバックグラウンドが、のちの川北の活躍の基礎になったことは間違いあるまい。川北の指導教員であった越智は、よく私に「川北君は京大の研究室で朝から晩まで勉強して、じつにたくさんのノートをとっていました」と言ったものである。

修士論文を書く院生は、自分の研究に直接関係のなさそうな分野の論文、ましてや書物を読むことはほとんどない。少なくとも、私の院生時代からそうだった。それが、できるだけ早く効率的に論文を書く方法だと考えているからであろう。

しかし、私には、それが効率的な方法とは思えないのである。

研究者人生は長い。四〇年間ほどは論文を書き続けなければならない。その基礎を築くのが、大学院生時代なのである。大学院生とは、正式には「大学院学生」といい、あくまでも学習過程にある。目の前の研究に関係ないものは無視するという態度は、長期的には決して効率的なものではない。研究基盤が広くなければ、長く研究を続けることはできないのである。

川北の修士論文は、すさまじい努力から生まれた。残念ながら私はその修士論文を読んだことはないが、私が修士課程の頃、それをもとに書かれたであろう雑誌論文を読んで、それこそ腰を抜かしそうになった（「一七・八世紀の経済成長――物価史的アプローチ」『西洋史学』六七号、一九六五年。「価格革命期の経済成長――一五五〇～一六二〇年代」『史林』四九巻四号、一九六六年。「イギリス一八世紀の経済成長――一七三〇年から一七七〇年代まで」『社会経済史学』三三巻四号、一九六七年）。

なぜなら、それら雑誌論文は、確実に、本家イギリスの研究水準を超えていたからである。コピー機すらない一九六〇年代半ばの日本で、そういうことが可能だったのはなぜか、今でもさっぱりわからない。しかも、マルクス主義の影響がなお強い時代にあって、近代経済学の手法を用い、「経済成長」という用語を使った点で、まさに画期的な研究であった。

川北の研究の出発点となったのは、トーニーの献呈論集に出てくるフィッシャーの言葉であろう。「トーニーの世紀」と題される序章で、イギリスの経済成長について「テューダー朝からステュアート朝初期にかけて経済的発展を促進させた要因ではなく、それを阻害した要因を探るべきだ」とフィッシャーは主張した。エリザベス時代は不況の時代であり、その原因を追求すべきだと考えたのである。

イギリスにおいては、フィッシャーのこのテーゼを実証した歴史家はいなかった。川北は、それを実行しただけではなく、それ以上のことを実現したのである。この時代の危機の要因を人口増に帰した川北は、エリザベス時代から一八世紀末に至るイギリスの経済成長のパターンを分析し、経済成長をしても人口増加がそれを飲み込んでしまうというマルサスの罠から脱出したのが、一七八〇年頃だと結論づけた。それは、全部で三部構成をとる『工業化の歴史的前提』の第Ⅰ部にあたる。不思議なことに、この第Ⅰ部の重要性は、西洋史学界ではまったく理解されていないように思える。

というのは、これまで誰も、第Ⅰ部の論証が正しいかどうかということを、まともに取り上げてはいないからである。さらに、川北の歴史家としての人生の多くは、この第Ⅰ部の内容をより具体性をもったものにしていくことに捧げられているようにさえ思われる。

工業化とは、単純に言えば、一人あたりの国民所得の持続的増加である。近代世界とは、経済が絶えず成長することが前提とされる社会であり、それが一七八〇年頃のイギリスで誕生したと、川北は主張した。そのために、じつに多数の文献を収集し、咀嚼・吸収している。川北のすごさは、その咀嚼力にあるといって過言ではない。あらゆる研究を吸収し、それに新たな意味を付与する能力で際立つ歴史家である。

第Ⅰ部で川北は、自身がきわめてすぐれた計量経済史家であることを証明している。本書の残りの部分は、なぜイギリスが一七八〇年頃から持続的経済成長を実現できたのかという理由の解明にあてられる。

第Ⅱ部　商業革命

第Ⅱ部では、工業化の前提として、イギリスの貿易拡大――「商業革命」――が取り上げられる。ヨーロッパ外世界との取引が増え、しかも毛織物が主としてヨーロッパに輸出されていたのに対し、新世界・アジアには雑工業製品が輸出された。川北は、大塚史学が声高に主張していた毛織物工業の発展ではなく、工業製品の多様化こそが、イギリス産業革命の前提条件になったという。

さらに、再輸出の増加、植民地物産、とくに砂糖の輸入が増えた。アジアから輸入された茶が注がれたティーカップには、西インド諸島産の砂糖が入れられた。ここに、世界が一体化したのである。

イギリス経済にとって重要な地域は、本国を除けば、西インド諸島であった。とりわけそこで生産された砂糖は、イギリスに大きな富をもたらした。本国と西インド諸島を中核とする重商主義体制が、イギリス工業化の歴史的前提となったのである。

川北は、ニューイングランドから西インド諸島に食料が送られるなど、北米大陸植民地と西インド諸島との関係にまで注目する。さらに東インド物産を積んだ奴隷商人が、アフリカで奴隷を入手し、西インド諸島に渡ったことを述べる。このように、川北は、イギリス帝国経済システムにおける西インド諸島の役割を重視する。これは、イギリス本国ではあまりみられない発想であり、川北のオリジナリティの高さを物語る。日本人ならではの視点と言ってよかろう。しかし、残念ながら、この観点を生かしている日本人研究者もまた、きわめて少ない。

西インド諸島からの主要輸出品は砂糖であり、北米大陸のそれは煙草であった。前者は生活必需品となり、後者は、嗜好品にとどまった。西インド諸島がイギリス本国に従属し、北米植民地がそうならなかったのは、砂糖はほとんどがイギリス国内で消費されたのに対し、煙草は再輸出されることが多かったからである。イギリス本国なしでは、砂糖植民地は存在しえなかったということである。ここで川北は、ウォーラーステイン（Immanuel Wallerstein, 1930-）の「近代世界システム」からヒントをえて、イギリスに対する植民地の従属という問題を分析対象とした。

また、西インド諸島の砂糖を中心に大西洋貿易を見ていくという本書の手法は、他国の大西洋貿易にも応用できる。近世において、大西洋貿易で取引される最大の産品は砂糖であり、それを栽培するのは、西アフリカから新世界へと連れてこられる黒人奴隷であった。川北は、大西洋貿易の比較史の視座を提示したのである。

イギリスの対外的拡張は、同時に、海運資材の供給地域としての北欧の重要性も急速に高めた。そのため北欧との貿易で赤字になったイギリスは、ポルトガル貿易の黒字でそれを補塡する。ポルトガルは自国産のワインと、植民地ブラジルからの金を輸出する地域として位置づけられ、イギリス経済に従属するようになる。そしてブラジルの金は、イギリスの金本位制成立のための基盤となった。

第Ⅲ部　生活史

第Ⅲ部は、第Ⅰ部、第Ⅱ部と比較すると、ページ数も少なく、ややもの足りない。それは第Ⅲ部が他と比較して短いだけではなく、まだ、素描にとどまっていると感じられる箇所もあるからである。ただし、「素描」と感じられる箇所ついては、川北はのちに『洒落者たちのイギリス史』（平凡社、一九八六年）で、より詳しくまとめている（この経緯については『私と西洋史研究――歴史家の役割』一六二頁を参照のこと）。

第Ⅲ部で興味深いのは、疑似ジェントルマンの成立について書いていることである。ジェントルマンとは元来地主であったが、彼らだけではなく、「ジェントルマン的」とみられる職業につく人びとが出現したことが述べられる。法律家、内科医、聖職者、さらには商人、金融業者、植民地官僚などがジェントルマンとみなされるようになる。このように支配階級であるジェントルマンとみなされる人びとが拡大することにより、イギリス社会は分裂することなく、安定を保つことができたのである。

イギリスは、マックス・ヴェーバーや大塚久雄がいったように、「禁欲」により最初の産業革命を成し遂げたのではなく、欲望の解放こそがエンジンとなった。一六〇四年に奢侈禁止法が廃止されると、やがて庶民が上流階級の人びとの生活パターンを真似しようとして働き、植民地物産の流入もあり、「生活革命」ともいうべき現象がおこった。ジェントルマンの基準が消費の形態に移っていったために、人びとは高い報酬を求めて働くようになる。ここで川北は生産財ではなく、消費財の購入という視点からの経済成長の分析を提唱したのである。人びとの欲望は解放された。だからこそたくさん働くようになった。労働者がさまざまな消費財を購入することがテコになり、持続的経済成長が実現されたのである。

ジェントルマンのイギリス帝国

このようにまとめてみても、まだまだ書き足らないところが多く、汲めども尽きぬ源泉のようであるのが、本書の特徴である。一九八三年に上梓されて三〇年以上たつのに、つい最近出版されたばかりという印象を与える本である。それは、端的に言えば、「ジェントルマンのイギリス帝国」というシェーマが、今なおイギリス近代史の中心をなすシェーマだからである。

しかも、元来計量経済史家として出発した川北が、それをベースにしながらも、さまざまな要素を付け加え、肉付けし、より豊かな歴史学を築き上げていったことが重要である。計量経済史家は、数字ですべてが理解できると思いがちである。少なくとも、彼らの論文からそういう意識が読み取れないわけではない。あえて言えば、そこには経済成長を示す一本のグラフがあるにすぎない。なるほど、それは一つの歴史であろう。だが、それはいわばレントゲン写真に写った人間の姿のようなものであり、人間の骨格をあらわしているだけである。生身の人間はおらず、人間というものがどういうものかは具体的にはわからない。そこに、計量経済史の大きな限界がある。

それに対し川北は、計量経済史でできることの限界を悟り、具体的なモノの流れと人間の動きに注目した。「生活革命」を提唱したのは、統計ではなく、モノに着目した歴史学を書きたいという意欲の現れではなかったか。

この本の副題が「帝国とジェントルマン」となっていることからもわかるように、単純に言えば、近世から近代、場合によっては現代までのイギリス史は、「ジェントルマンのイギリス帝国」という図式にまとめられる。本書の上梓以後、中産層ではなく、社会の真ん中あたりに属する人びとが近世のイギリス経済を支えたとするミドリングソート論が流行したが、結局、川北のテーゼに取って代わることはできなかった。

イギリス史家がおこなうべきことは、本書を全体として越える書物を書くことであることは確かである。しかし現在、イギリス史に限らず、ほとんどの歴史家は、より細かな実証のほうに重きを置き、新しいシェーマが重要だという意識すらないように感じられる。あるいは、そういうことができなくなった時代なのかもしれない。

川北史学と『工業化の歴史的前提』

「帝国とジェントルマン」という図式は、すでに一九七一年の史学会大会で発表されている。しかし、それが本書として結実するまでには、一二年という長い年月が必要であった。シェーマをつくることと、それを実証することは違う。本書の上梓により、川北は、シェーマを実証できる歴史家であることを示した。

川北が近代イギリスの担い手としてジェントルマンを想定したのは、指導教員であった越智の影響が大きかったと思われる。そして、近代イギリスを帝国としてみる視点は一九七〇年代初頭にイギリスに留学し、この時点でもなおイギリスという島国が、かつての植民地と大きく結びついていたことから、さらに強まった。

川北との関係でしばしば言及されるのは、ピーター・ケインとアンソニー・ホプキンズによる「ジェントルマン資本主義」であろう。しかし一見似通ってみえるこの二つは、じつは根本的に違った角度からイギリス史をとらえていることを指摘しておきたい。

川北は、エリザベス時代からステュアート朝初期にかけては、ジェントルマンとは地主を指したのに対し、だんだんと生活様式がジェントルマン的である人たちもジェントルマンとみなされるようになったと主張した。

それに対しケインとホプキンズが使った用語は、Gentlemanly Capitalism であり、接尾辞の -ly がついている。これは、正確に訳せば「ジェントルマン的資本主義」であって、「ジェントルマン資本主義」ではない。ケインとホプキンズは、一九世紀イギリスの金融業者が、イギリス経済を牛耳っていたと考えた。彼らはジェントルマン的な生活を送っており、その起源は近世の地主＝ジェントルマンにあるとみた。一九世紀から時代をさかのぼってイギリス史を考察する以上、彼らにとって産業革命を論じる必要はあまりない。

このように、川北とケイン、ホプキンズのジェントルマンのとらえ方は、大きく異なる。川北は、工業化を論じるために『工業化の歴史的前提』を書いたのであり、それに対しケインとホプキンズは、イギリスの世界経済支配の特徴を示すために『ジェントルマン資本主義の帝国』(全二巻、名古屋大学出版会、一九九七年)を書いたといっても、間違いではあるまい。

川北がフィッシャーから影響を受けたことはすでに述べた。一九五〇年代を研究活動の中心としていたフィッシャーは、当時流行していた開発経済学から大きな影響を受けた。したがって、未完成の毛織物をアントウェルペンに輸出しなければならなかったイギリスは、この都市によって「低開発化」されているとみた。この点を、越智は理解できなかった。それが、越智史学と川北史学の違いである。前者がトーニーに代表される一国史的な農村社会を描いたのに対し、後者はフィッシャーに倣い、ロンドンを中心とし、世界経済につながる都市社会を叙述したともいえる。

とはいえフィッシャーの議論は、着眼点はすぐれていたものの、近世と現代を混同するなど乱暴なところもあり、フィッシャーの議論をそのまま肯定することはできない。そのことは、みずからの歴史研究に対する反省として、『工業化の歴史的前提』の「あとがき」に、以下のように書かれていることからも分かるであろう。

第I部では、一六・七世紀のイギリスを「低開発国」の一部としてみようとする姿勢が、なお垣間みられる。ここに改稿して収録した論文のうちいくつかを書いた六〇年代までは、いまの先進国もかつては低開発の状態にあったのだとする一国史的・単線的な発展段階論が、立場の如何を問わず、ごくふつうの考え方だったからである。しかし、貿易史、とりわけイギリスと西インド諸島との関係に興味をもちはじめると、工業化前のイギリスをいきなり今日の低開発状態と対比したり、それと同一の次元で論じたりするだけでは、歴史学としてはいかにも片手落ちだ、と思うようになった。

(『工業化の歴史的前提』、三七九頁)

イギリスに留学し、さまざまな国の出身者と出会った川北は、従属理論を知り、イギリスが他地域、とくに西インド諸島を従属させていくことに関心をもった。川北が留学をした一九七二〜七三年当時、西インド諸島出身の人びとが自国の歴史を研究するために、史料のあるロンドンに来ることが珍しくなかったことも、川北史学に大きな影響を与えたことと思われる。さらにウォーラーステインの『近代世界システム』の翻訳により、川北の従属理論は精緻になっていった。その結果、『工業化の歴史的前提』が誕生したのである。

川北史学を越えて

「ジェントルマンのイギリス帝国」というシェーマは、容易に崩せそうにない。したがっていかに精緻な研究が出ても、本書を乗り越えることはかなり難しい。

しかしまた川北のシェーマには、国家論が抜けているようにも思える。こんにちではよく知られるようになった、「財政=軍事国家」の理論を導入すれば、新たな国家論の構築が可能かもしれない。本書で川北がもっとも力を入れて分析した一八世紀は、対仏戦争が続いた時代であり、そのために国債を発行し、平時になると返済していった。イングランド銀行が国債を発行し、それを議会が保証するファンディング・システムが発達したのである。それは、財政・金融システムが一八世紀のうちに中央集権化したことを意味し、パトリック・オブライエンはそれを「イギリスの例外性(English Exceptionalism)」と呼んだ。

さらにいえば、この時期には国家権力が肥大化し、国家が私的な経済活動を保護したという面もあった。イギリスは、経済に対する国家の介入が強かったからこそ、最初の工業国家となったというのが、現在の研究の潮流である。国家がイギリス経済にどのような影響を与えたのかが、もっと調べられるべきであろう。スウェーデン経済史家ラース・マグヌソン(Lars Magnusson, 1952-)は、これを「国家の見える手」という。

また川北は、ラルフ・デイヴィス(Ralph Davis, 1915-78)の貿易の研究はよく参照するものの、海運業の研究はほとんど使わない。しかしイギリスの航海法は、当事国の船ないしイギリスの船で輸入することを決めたものであり、それはオランダの海運業に対抗するために施行された。イギリスはオランダに取って代わり、一八世紀末にはヨーロッパ最大の海運国家となった。七つの海を支配するには、それだけ海運業が成長する必要があったはずである。

私にはこのようなことが考えられるが、むろん、別の見方も多数あるだろう。歴史家は、自分自身の歴史学をつくりあげるべきである。たとえば、川北は越智から薫陶と影響を受けたが、二人の歴史学は別物である。

川北のエピゴーネンではなく、しかも川北のシェーマを乗り越える歴史学の創出を待っているのは、ほかならぬ川北自身であろう。

第4章　歴史家の姿勢

E・H・カー／清水幾太郎訳『歴史とは何か』岩波新書、一九六二年

史学概論という科目

大学に入学して史学科の学生となったとき、まず取らなければならないのは「史学概論」である。この科目で歴史学に興味をもつようになる学生もいるだろうが、むしろこれを受講したことで歴史学というものが、かえって分からなくなる学生が多いのではないだろうか。いや、嫌いになる学生すらいるかもしれない。

本来なら、史学科に入ったばかりの学生に教えるのだから、「史学入門」で良いはずである。それが「概論」という名前になっているのは、単に歴史家が保守的であるという理由だけではあるまい。それは、この科目の性質にも由来する。

どのような学問であれ、現実にそれを学んでいく過程で、その学問の性質を理解するようになるものである。しかし史学概論では、初心者を相手に「歴史とは何ぞや」を教えることになる。歴史

学に対する知識があまり期待できない学生に対して、歴史学の本質を教えるという、考えてみれば無茶苦茶な科目なのである。

この科目を教えることが難しい理由の一つは、歴史理論をしっかりと身に付けた歴史家が、その理論をもとに実証の重要性を理解させなければならないという点であろう。しかし残念ながら、多くの歴史家は理論が苦手である。

そもそも、理論と実証の両方で一定の水準以上に達している歴史家は必ずしも多くはない。むしろ少数派だろう。しかも教えるとなれば、この二つを普遍化し、融合しなければならないが、それが必要だと認識している歴史家はますます少ない。

というわけで、現実には「史学概論」は役に立たない科目の典型とさえいえるのかもしれない。私自身、これに該当する科目を受講して三〇年以上になるが、率直に言って、役に立ったとは思っていない。それは、私が習った二人の先生——もうどちらも故人となられた——は、理論と実証の重要性を意識せずに授業をしていたからだと思う。

史学概論のテキストとしての『歴史とは何か』

このように「史学概論」という科目を教えることは難しい。そのテキストを書くこともまた、きわめて難しい。入門のテキストである以上、できるだけ簡潔に、しかも適切な事例が書かれていなければならないからである。

私の経験では、厚い本を書くほうが、薄い本を書くよりも簡単である。前者はたくさんの事例が必要であるが、後者は本当に必要な事例だけを取り上げる。そして「必要な事例だけ」を決める際には、歴史家としてのセンスが問われるからである。

E・H・カー（Edward Hallett Carr, 1892-1982）の『歴史とは何か』は、二五〇頁程度の新書のなかにきわめて大きな知識が挿入されており、そこに書かれている内容を咀嚼できたならば、歴史という学問分野の特質を、あくまでカーの枠内ではあるが、知ることができる。それが、本書の主な価値といえよう。

本書は一九六一年にケンブリッジ大学でおこなわれた講演をまとめたもので、同年に原著が出版された。したがって、主要な読者はイギリスのインテリだったと考えられる。イギリス人にとっては当然のことでも、外国人、とくにアジアの果てに位置する日本人にとっては、わかりにくい箇所が多い。

にもかかわらず、二〇一四年一一月一三日の時点で第八三刷に達していることからも、本書が、日本人が読む史学概論の本として五〇年以上にわたってスタンダードであることがわかるだろう。とはいえ内容が多岐にわたっていて、かなり高度なことを考慮に入れるなら、その内容が正確に理解されているとは、正直、私には思えないのである。

ともあれ、ここではまず章ごとに本書の内容をまとめ、カーの見解に対する私の意見を述べ、あらためて本書を位置づけたい。

歴史家と事実

カーによれば、一九世紀末の歴史家は大変楽観的であり、「やがて完全な歴史を書くことができる」と考えていた。

一八三〇年代、同時代のドイツを代表する歴史家ランケは、歴史家の仕事は「本当の真実を示すだけだ」と言った。ランケは、観察者の意識から独立した「本当の真実」があるという認識に立っていた。一方で、歴史家は事実を集め、それを家に持ち帰り、調理して、自分の好きなスタイルで食卓に出す。「事実は神聖であり意見は勝手である」という言葉を残したジャーナリストもいた。

しかし、二度の世界大戦を経た一九五〇年代になると、「いかなる歴史的判断も甲乙がなく、『客観的』な歴史的真理というものはない」と考えられるようになった。

このように歴史研究の潮流は、大きく変わったのである。単純に言えば、歴史家自身も、歴史の観察の対象に入っているのであり、歴史家は、絶えず歴史を観察している自分自身を感じながら意識しながら、研究しなければならないということであろう。

カーは、単なる事実と歴史上の事実を分けてとらえる。そして後者の事実は、歴史家が重要だと判断したものに限定されると考えているようである。しかし私は、歴史家だけではなく、一般の人びとにも、歴史家と同じ権利が与えられるべきだと考える。歴史家とそうではない人を厳密に区別するのは、所詮不可能なのだから。

ランケは、自分が事実のほうを心配していれば、神様が歴史の意味のほうを心配してくれるとしたため、歴史哲学は進化しなかった。それに対し二〇世紀になると、イタリア人のクローチェが「すべての歴史は現代史」であると言い、歴史学は現在の問題関心に照らして過去を見るものであると主張した。

私の考えでは、おそらくこのクローチェの態度こそ、現在まで続く歴史学の見方である。

カーは、以下のように言う。歴史を研究するには、まず歴史家を研究しなければならない。歴史家は歴史書の読者であり、その歴史書を書いた歴史家の心の動きを知る必要がある。さらに歴史家は、研究対象としている人びとの心を、その背景や思想まで含めて理解する必要がある。

ただし歴史家は、過去の問題を研究するのは、それが現代の問題の鍵であるからだと考えるべきではないという。このようなプラグマティズムの罠に陥ってはならない。正しい解釈の基準は、現在のある目的にとっての適合性にあるということになってしまうからである。

歴史を事実の客観的編纂と考え、解釈に対する事実の絶対的優越性を説く理論がある。他方、歴史とは、歴史上の事実を明らかにし、これを解釈の過程を通じて征服する主観的産物とする立場がある。歴史学は、この二つの支持し難い立場のあいだを航行していると、カーは主張するのである。

事実は過去に属し、歴史家は現在に生きている。したがってカーは、「歴史とは歴史家と事実とのあいだの不断の過程であり、現在と過去とのあいだの尽きることを知らぬ対話」だと結論づける。

社会と個人

カーの考えでは、いうまでもなく、個人は社会の一部である。しかしまた、社会を変えていくこともできる。社会と個人の発達は一緒に進み、相互に制約し合う。したがって、個人主義崇拝は明らかに間違った考え方である。これは、カーがロシア革命の研究者であり、スターリニズムのもたらした弊害を知っていたからであろう。

カーは、歴史家とは、どこまでが他から独立した個人であり、どこまでが自分の社会および時代の産物なのか、そして歴史上の事実はどこまでが個人に関する事実で、どこまでが社会的事実なのかという疑問を発する。そこで数名の歴史家を取り上げるが、もっとも興味深い人物はマイネッケ

(Friedrich Meinecke, 1862-1954) である。

カーによれば、マイネッケは一九〇七年出版の『世界市民主義と民族国家』で、ビスマルクのドイツ帝国をドイツの民族的理想の実現であると確信した。そして一九二五年出版の『国家的理性の観念』は、ヴァイマル共和国後の分裂し当惑した精神で書かれ、政治の世界は、国家的理性と政治にとって外的な論理とのあいだの決着のつかない闘争の舞台となってしまったとした。ナチ台頭後の一九三六年に出版された『歴史主義の成立』では、歴史的に相対的なものと超合理的なものとのあいだを不安な気持ちで動揺しつつ、絶望の声をあげた。さらに一九四六年出版の『ドイツの破局』では、歴史は盲目で仮借ない偶然に翻弄されているという信仰に陥ってしまった。

このようにマイネッケは、時代の変化に応じて自分の歴史学を変えていったのである。したがって歴史家は、歴史を研究する前に、歴史家の歴史的および社会的環境を研究しなければならないと、カーは結論づける。

そして、歴史家が研究を委託されているのは、行為の背後に潜んでいるものであるが、それと行為する個人の意識的な思想と動機とは全く関係がない。つまり、個人の行為は、みずからが意図していたものとは異なることがしばしばあるという。

歴史とは、現在と過去との対話であるが、それは抽象的な個人と個人とのあいだの対話ではなく、今日の社会と昨日の社会のあいだの対話であるという結論を出す。

歴史と科学と道徳

歴史とは科学である。それがE・H・カーの立場である。以前は明らかに研究手法が異なると考えられてきた生物学や物理学、天文学などの自然科学も、現在では自然科学者が、自分たちが研究するのは事実ではなく事件（出来事）であると考えるようになってきたからである。

カーはこう続ける。歴史家が自分の研究の過程で用いる仮説の地位も、科学者が用いる仮説の地位と驚くほどに似ている。こんにちでは、科学者にしても、歴史家にしても、一つの断片的な仮説からもう一つの断片的な仮説へと次第に進んでいくようになった。歴史家が本当に関心を持つのは、特殊的なものではなく、特殊的なもののうちにある一般的なものである。歴史家は、一般化にも関心を抱いているのである。物理学もまた、歴史学と同様、観察者と客体を截然と区別することはできない。すなわち、歴史学と同じく、観察者と観察されるもののあいだに、明確な区別をつくることはできないと言うのである。

また、歴史家は裁判官ではなく、登場人物に対し道徳的判断を下すことはできない。抽象的で超歴史的な基準を打ち立てて、歴史的行為を裁くことはできないのである。こうした考え方はこんにちでは当たり前のことであろうが、今回読み直してみて、一九六〇年代にはこういうことがあったのだという、ある種の感慨をもった。これは、マルクス主義の歴史学が、現在では力をもたなくなったことの表れだと、私には思えるのである。

カーは、歴史学だけではなく、他の学問も、法則を打ち立てることを目的とするような学問ではないと考える。

歴史における因果関係

カーの見解では、研究の広さと深さとを増すにしたがって、歴史家は「なぜ」という問題に対する回答をますます蓄積していく。実際、経済史、社会史、文化史、法制史の発達によって、歴史家が出せる回答の数は増大してきた。

　バートランド・ラッセルがいうように、「科学におけるすべての前身は、最初に見られた粗雑な一様性から私たちを引き離し、原因と結果とのより大きな分化へ、また、関係ありと認められた原因の範囲を絶えざる拡大へと導いて行くのである」。

　しかし歴史家は、その一方で、多様な解答を単純化しなければならない。特殊的な要因を、ある秩序と統一を導き入れるようなものにしなければならない。歴史家は、原因の多様化と単純化とを通して仕事を進める必要がある。

　カーは、決定論を取り上げる。彼によれば、決定論とは、すべての出来事には一つあるいは幾つかの原因があり、そのうちのあるものに変化がなければ、出来事に変化が生じることはあり得ないとする立場である。カーは、「人間の世界ではすべてのものが可能である」というポッパーの主張は無意味であるか間違っていると批判し、人間の行動は、どういう見地から見るかによって、自由でもあり、決定されてもいるという。

　さらに、歴史上の事件が発生したのは、「不可避的であった」というのは正確ではなく、「蓋然性が高かった」というべきである。歴史上の事件に対しては、合理的原因と偶然的原因を分けるべきであり、前者は他の国々、他の時代、他の条件にも適用できるので、有効な一般化が生み出されるのである。

　とはいえ、合理的な理由と偶発的理由を明確に分けることなど不可能であろう。このようにそもそも渾然一体としたものを二分することができるという発想こそ、カーが歴史という学問のもつ難しさを正確に理解していなかった証拠ではないかと思えてしまうのである。

進歩としての歴史

続いてカーは、進歩としての歴史を取り上げる。

ユダヤ教とキリスト教は、前方に終末という一つのゴールを設定し、目的論的歴史観を導入した。ゴールに達するということは、歴史の終わりを意味し、必然的に弁神論となる。

ルネサンスになると、ゴールは現世化され、歴史的過程そのものに合理的性格があり、歴史は、地上における人間の状態の完成に向かう進歩であるという進歩史観が生まれた。そのため、歴史の過程に進歩を含めないわけにはいかなくなった。歴史は、獲得された技術が世代から世代へと伝達されるという意味での進歩を示すのである。

進歩には明瞭な始まりや終わりはない。したがって、たとえばヘーゲルがプロイセン王国をもって進歩の終わりとし、マルクスがプロレタリア革命によって階級のない社会という究極の目的が達成されると信じたことは、誤りであったと、カーは言う。

したがって、歴史の外に、歴史とは独立に、ある価値の絶対的基準を設けて、それで歴史上の事件を裁こうという試みは、非歴史的であるとして退けなければならない。

客観的な歴史とは、歴史家自身が、完全な客観化は不可能だということを認識し、自分の見方を未来に投げ入れてみて、そこから過去に対して――その眼が自分の直接の状況によって完全に拘束されているような歴史家が到達し得るよりも――深さも永続性も勝っている洞察を獲得する能力を意味する。歴史とは、過去の諸事件と次第に現れてくる未来の諸目的とのあいだの対話というべきである。

総じて、歴史は、人びとが行ったことの記録であって、行い損ねたことの記録ではなく、そのかぎりにおいて、歴史は否応なしに成功の物語となる。

このようなカーの歴史観からは、敗者の姿が出てこない。しかし、勝者だけではなく、敗者もまた歴史に寄与したと考えるべきであろう。

広がる地平線

カーは本書で、歴史とは絶えず進んでいく過程であり、歴史家もこの過程のなかを一緒に進むと主張してきた。

カーの考えでは、二〇世紀中葉の世界は、一五～一六世紀に中世の世界が崩壊し、近代の世界の基礎が作られて以来の深くて激しい変化の過程にある。その変化は、一五～一六世紀に金融や商業を、のちには産業を基礎とする新しい階級に初めて権力を与えた社会革命に匹敵する、一つの社会革命である。

カーによれば、近代世界における変化とは、人間の自己意識の発達にある。それは「人間が思惟および観察の主体であり客体である」としたデカルトにはじまる。

一八世紀から現代までの代表的哲学者はヘーゲルとマルクスであった。ヘーゲルの学説は「革命の代数学」であったが、この方程式に数字を書き入れたのは、マルクスであった。マルクスは、世界は、人間の革命的なイニシアティヴに応じて合理的過程を辿って発展する法則によって支配されていると考えた。

さらにフロイトも、理性に新しい広がりを加えた現代の大思想家であった。フロイトは理性の領域を拡大し、人間が自分を、したがって自分の環境を理解し統制する力を持っているとしたのである。

マルクスとフロイトの著作が現れてから、歴史家は、自分を社会の外や歴史の外に超然として立つ個人として考える口実がなくなったと、カーは主張する。

そして二〇世紀初頭、日本がヨーロッパの列強という輪の中に初めて仲間入りし、一九〇五年の第一次ロシア革命の影響で、ペルシア、トルコ、中国に革命が起こった。そして厳密にはヨーロッパの内乱であった第一次世界大戦が、世界的影響を及ぼしたとする。

いうなれば、ヨーロッパだけではなく、世界の歴史が重要になってきた。そのなかで、イギリスの大学は、残念ながら、英語以外の言語を知らぬ者が多いという点で明らかに間違った状況にあると、カーは言いたかったのではなかったか。

とはいえ、カーはあくまでオプティミストであり、理性と進歩を信じ、それでも「世界は動く」と言ったのである。

しかしそれは、あまりに楽観的とは言えないであろうか。われわれは、理性も進歩もあまり信じていないであろう。

歴史家の心構えとしての『歴史とは何か』

このような作品に、いったいどのような評価を与えるべきなのであろうか。E・H・カーは、いうまでもなく博覧強記の歴史家である。ここでは随分と省略したが、本書にはたくさんの人物が登場し、そのために必要とされる前提知識——とくにイギリス史に関する——も生半可ではない。

それは、本書が元来ケンブリッジ大学での講演をもとにしているという性格にも起因していよう。一九六〇年代初頭のケンブリッジ大学の学生であれば、この程度のことは知っていたのであろう。ただ、そこにいた人びとのほとんどがイギリス人であったということを考えるなら、本書はやはりイギリス人の歴史家が、イギリス人向けに書いたものであろう（ただし、本書執筆の際に前提とされていた知識を有しているイギリス人は、こんにちではほとんどいないだろうが）。そして、そのような本が、日本でこれほどの版を重ねていることこそ、奇異なことであろう。

史学概論という科目が、担当者の歴史哲学を大きく反映するように、史学概論の代表的作品といえる本書は、歴史哲学の書でもある。

彼の歴史哲学は、一言でまとめるなら、理性と進歩を信じる歴史観となろう。しかしそれは、現在ではやはり過去のものではないか。

人間の理性は、さほど信じられるものではなく、あまり重きをおくべきではあるまい。カーの発想は、ともすれば理性崇拝主義とも映る。果たして現在の人びとが、カーのように理性を信じられるのであろうか。もし人間に十分な理性があるなら、現代の国際社会がこれほど混乱に満ちているのはなぜなのか。

歴史は果たして進歩するのであろうか。歴史学の進歩と、歴史の進歩とは異なる。前者は分析概念であり、後者は社会の実態である。この二つの相違を、カーはあまり認識していなかったように思われる。

またカーは、当時の歴史学の国際的状況について何も語っていないのも気になるところである。

アナール派の総帥ともいうともいうべきブローデル（Fernand Braudel, 1920-85）はむろんのこと、当時国際的に進行していたはずの数量化傾向、すなわち貿易史や人口史の発達についてもまったく言及していない。イギリスの農業史家（という範疇にはおさまる人物ではないが）トーニーは出てきても、イギリスと国外の貿易関係を研究し、国際的にも大きな影響を与えたフィッシャーやデイヴィスは出てこない。現在のイギリス経済史は、トーニーではなく、フィッシャーやデイヴィスの研究の延線上に位置するにもかかわらず、である。したがって、本書から当時のヨーロッパ史の研究動向はわからないのである。

さらにいえば、カーは、アジアのことをほとんど取り上げていない。これもまた、時代の限界と言えよう。

E・H・カーとは、あくまでイギリス生まれの外交史家であった。彼は大学で教鞭をとったこともあったが、主に外交官として活躍した。したがって、本書は歴史学全体の動向をつかんで書かれた書物ではない。ここに、本書の大きな限界がある。

『歴史とは何か』とは何か

本書は、たしかに歴史哲学の書である。しかし、方法論の書ではない。だから、本書をいくら読んでも、現実の歴史叙述には生きてこない。

このような批判を目にすると、読者はこう問うだろう。では、本書に何の価値があるのかと。

本書は、歴史家が、歴史を研究する上での心構えを書いた本である。研究の最中に歴史家はさまざまな陥穽に陥る。われわれは、どのようにして歴史を書くべきなのか。

一般に、本書で何度も繰り返されているフレーズとして「歴史は、現在と過去との対話である」がよく取り上げられる。

しかし、カーが「対話」dialogue という言葉をどのように使っているのかは、じつは曖昧である。むしろ私には、そもそも歴史家は過去と対話することができるのだろうかという疑問が湧いてくる。

歴史家は、現在の視点から過去を解釈することしかできない。しかし、それは現在と過去の「対話」なのだろうか。過去が、直接われわれに語りかけてくれるわけではない。歴史家は史料をもとに過去を再構成するのであり、それは、歴史家の過去に対する解釈ないし判断にすぎない。史料はそれだけでは何も語らず、解釈は最終的に歴史家の判断に委ねられる。

歴史叙述とは、究極的には、ある時代に関する歴史家の主観の表明であり、それ以上のものではない。だからこそ、さまざまな解釈が並存できるのである。

歴史家はまた、過去そのものだけではなく、研究史をふまえて、歴史を再構成しなければならない。ところが、厳密な意味での研究史は存在しない。歴史家はそれぞれの関心に従って過去を再構成する。書物や論文の論点はすべて異なるのだから、研究史整理とは、歴史家の考えにもとづき、研究をある観点から強引にまとめたものとみなせよう。

E・H・カーに従うなら、過去そのものだけではなく、過去の研究とも対話をしなければならないはずである。研究史整理とは、過去の歴史家との対話でもあるはずである。

カーは本書において、幾人もの研究者が歴史研究にどのような態度で向かってきたのかを説明する。それは彼なりの、研究史との対話であったに違いない。しかしカーは、かぎりない研究史との対話が重要であったとは、あまり考えていなかったように思われる。

歴史家が相手にする「過去」には、過去の歴史家が含まれている。それは、ある事件や出来事が発生した時点よりも、現在の歴史家に近い過去である。したがって、一〇〇〇年前の出来事を研究するということは、一〇〇〇年の歴史観の変遷の研究でもある。

それが私なりの、カーとの対話の結論である。

第5章　構造史家から文化史家へ

堀米庸三『中世国家の構造』日本評論社、一九四九年
『西洋中世世界の崩壊』岩波全書、一九五八年
『正統と異端』中公新書、一九六四年
『中世の光と影』文藝春秋、一九六七年
『西欧精神の探求——革新の十二世紀』日本放送出版協会、一九七六年

国制史の役割

戦後の西洋史研究で、大塚史学が果たした役割についてはすでに述べた（第二章を参照）。戦後の歴史学でもっとも大きな役割を占めていたのは、社会経済史であった。どの時代のどの分野を研究するにしても、社会経済史に関する知識は必要であった。

社会経済史ほどではなかったが、国制史研究も、西洋史研究において非常に重要な分野であった。一九六〇年代までの戦後の西洋史を担ってきたのは、この二分野だといってよい。では、なぜこの二分野の研究が大きく発展したのであろうか。その答えは、史料を読む必要がなかったからだ、となろう。

もとより、このような断定は、あまりに単純である。史料に立脚しない歴史学などありえない。しかしまた同時に、西洋史が一次史料に立脚した研究を開始できたのは、分野にもよるが、せいぜ

い一九六〇年代のことであった。だからそれ以前の研究は、じつは史料に立脚しているとは言い難かった。

そもそも、洋書の入手すらおぼつかないというのが、戦後しばらくの日本の実態だった。一冊の洋書の価格が、一ヵ月の給料よりも多いことも稀ではなかった。だからこそ西洋史研究者は、それこそ舐めるようにして貴重な本を読んだのである。それは、アマゾンでボタンをクリックして本を購入したり、インターネットで史料を読んだりすることができる現在とは、まったく異なる研究環境であった。

史料が入手できず、二次文献の購入すらままならない。こういう状況では、歴史学の研究は一次史料に依るのではなく、数少ない二次文献をもとに理論を発展させるしか方法がなかった。そして理論化しやすい代表的分野として、社会経済史と国制史があった。前者はマルクス主義の公式に当てはめれば論文が書けたし、後者はあるシェーマをつくれば、それをもとに議論を展開することが容易であった。戦後の西洋史研究が実証ということを半ば忘れ、むしろ理論重視になったことの背景には、このような事実が横たわっていた。しかしそのため、理論的に歴史をみていく力が身についたことも、忘れるべきではない。

国制史の研究者として忘れてはならない人物に、堀米庸三《ほりごめようぞう》（一九一二〜七五）がいる。堀米の研究に触発されて西洋史研究者になった人は、決して少なくないはずである。中世は暗黒時代ではなく、むしろヨーロッパが形成された時代であったというのが、堀米の主張であった。

しかも、堀米は単なる国制史家に止まらず、文化史家として飛躍を遂げた。それが、ここでの議論の要旨である。

『中世国家の構造』

一般に、堀米の初期の代表作として『中世国家の構造』が知られる（『社会構成史体系』日本評論社の第一分冊として一九四九年に上梓。その後、堀米庸三『ヨーロッパ中世世界の構造』一九七六年に再録）。私は大学に入学した一九八三年、まだ閉架式書庫の使い方もよくわからないときに、本書の日本評論社版をコピーして読んだ。学部時代に数回読み直し、今回の書評のためにあらためて数回読んだ。

本書冒頭には問題提起として、「中世国家の構造を解明しようとするこの考察が、まず第一に決定しなくてはならないことは、中世に国家が存在したか否かという問題である」と書かれている。そこで堀米は、ドイツの歴史学界の説を紹介しながら、最終的結論を述べる。

じつは戦後間もない時期にあっては、ドイツの学説を整理すること自体に大きな意味があった。洋書の輸入自体がきわめて難しく、学問的に欧米との交流がまったくない時代においては、海外の学説を消化し、紹介するということは、非常にすぐれた歴史家にのみ可能な行為であった。この事実だけでも、堀米の優秀さがわかる。

中世のヨーロッパの国家像について、本書は今なお、大きなインスピレーションを与えてくれる。堀米によれば、英仏の学界では、ドイツのような中世国家論争はおこらなかった。その理由は、英仏では、中世から近世への一貫した国家的発展があったのに対し、ドイツでは一九世紀半ばに至るまで、国家の統一がなかったことに求められる。もし堀米の説が正しいとするなら、ドイツ中世の研究をすれば、中世国家の特徴が明らかになるはずである。

堀米は、完成された封建国家とは、あらゆる国家的ないし政治的関係が封建＝知行関係、したがって封建法によって律せられるものであると述べる。しかしその封建国家でさえ、封建化されない要素または非封建的要素があってこそ、国家として存続できたのである。

中世封建国家において国王が封建的、身分的関係を無視できるほど大きな権力を握ることができたのは、別言すれば、国王が直轄行政機構をつくることができたのは、国王に伝統的権威が備わっていたからであった。それは究極的には、ゲルマン的血統権に由来した。しかも、ピピンがメロヴィング朝の宮宰からカロリング朝の国王になるにあたり、ローマ教会による塗油の儀式を受けることで、国王に教会的＝超自然的権威が与えられることが確認されるようになった。

堀米の考えでは、封建的もしくは知行的な組織の構成は、相互の独立的立場の容認を前提とする契約関係である。それは、こんにちの国家のように権力的統一体ではない。中世国家は、支配者、すなわち国王の超越的権威のもとに形成される国家なのである。国王という非封建的な要素があってはじめて、中世国家は機能しえたと堀米は考える。

このような図式が、当時の、いや、堀米が亡くなる頃までの日本の西洋中世史研究に大きなインパクトを与えたのは事実である。とはいえ、こんにちの西洋史研究の状況からみれば、堀米が国家財政にほとんど目を向けていない点は、国家論としての瑕疵であると私には思われる。

近年、国家とは税を徴収する機関であるという観点からの研究が増えており、専門家はそのような国家を「財政国家」と呼ぶ。今回、『中世国家の構造』を再読してみて、もし堀米が財政システムの観点からの国家の形成史を描いていたなら、また別の中世像が現れたのではないかと私は思った。

国家の領域とは、ごく単純に言えば、当該国家が税金をかけられる範囲を指す。しかしこの重要な事実が、現実の歴史研究ではともすれば忘れられている。近代国家の形成史とは、国家が税金をかける範囲こそ国家の領域であるということが明確になっていく過程を意味する。この点から考えるなら、ヨーロッパ中世の国家では、中央政府にはそこまでの権力はなく、臣下の領地は国王の領地ではないという観点から、権力的統一体ではなかったという結論が導き出せる。

たとえば、そのような国家の一例として、徳川時代の日本がある。堀米がもっと財政史に目を向けていたならば、中世ヨーロッパを、より世界的な文脈に位置付けることができたかもしれない。このような観点がないことが、堀米の——というより、現在の日本の西洋国制史研究者にもかなりの程度あてはまることだが——限界であろう。

いずれにせよ、この頃の堀米は、国制史家と言っても、構造史家の域は出ていなかったと私には思われる。

『西洋中世世界の崩壊』

『中世国家の構造』は、中世国家の骨格を描いた秀作である。しかしそれはあくまで骨格にすぎず、そこには肉もなければ血管もない。肉付けには、それなりの時間がかかった。

『中世国家の構造』を出版したとき、堀米は北海道大学の助教授であった。そして一九五六年、東京大学の教授になり、二年後の五八年に出したのが、『西洋中世世界の崩壊』であった。

本書では、一三世紀末から一五世紀末までのヨーロッパが描かれる。文字通り、「ヨーロッパ」全体の中世末期が叙述の対象となる。

本書では、増田四郎（一九〇八〜九六）がかつて提示したように、ヨーロッパ中世世界を、神聖ローマ皇帝の皇帝権とローマ法王（教皇）の法王権（教皇権）という二つの権力からなる楕円的な二重構造としてとらえる。そして、両者がじつは相互依存関係にあり、一方の没落により他方も没落するという構造にもとづいて、論が展開される。

一二八二年、フランス王族のシャルル・ダンジューに支配されていたシチリアの首都パレルモで暴動が生じ（シチリアの晩禱《ばんとう》）、フランス人数千人が殺害された。シチリア人はローマ法王マルティヌス四世に自治を求めるが、シャルルの傀儡であった法王はシチリア島民を破門する。

すると島民はイベリア半島の新興国アラゴンに助けを求め、同国国王のペドロ三世がシチリア島に上陸し、シャルルの軍隊を撃破した。シチリア王国は、シチリアとナポリに二分され、同王国がそれまで地中海世界で占めてきた重要性を減ずることになり、ヨーロッパ国際政治の中心が、西ヨーロッパに移ることになった。

また、一三～一四世紀にかけて、法王権とフランス王権のあいだの争いは激しさを増した。フランス王フィリップ四世は、ローマ法王ボニファティウス八世と争い、一三〇三年、イタリアの山間都市アナーニでローマ法王ボニファティウス八世を捕え、そのためにこのローマ法王が憤死するという事件がおこった。これを、歴史家はアナーニ事件という。ローマ法王権の凋落を決定づけた事件であるばかりか、神聖ローマ帝国に代わり、各国の王権が強化されることにつながった。二重構造は崩壊していくのである。

これ以降、いわゆる国民国家が北ヨーロッパを中心に形成されることになる。それに対しイタリアは、なお都市国家に分裂していた。一四九四年、フランスのシャルル八世が大軍を率いてロンバルディアに攻め入ったとき、西ヨーロッパ諸国はイタリア諸国とともに、それを阻止するために同盟した。この同盟は、ヨーロッパの勢力均衡を維持することを目的としていた点で、来たるべきヨーロッパ国際政治の表れとみなすことができる。すなわち、近代のあけぼのがみられたのである。

堀米は本書の五頁で、以下のように書いている。


従ってわれわれの場合にあっては、中世ヨーロッパを一つの世界としてとらえ、その構造と発展の法則を明らかにすることが、とりもなおさず中世末期のヨーロッパ史を分析し叙述する方法となるのである。


「発展の法則」という言葉は、本書が書かれた時代の歴史学研究では、マルキシズムの力が強かったことを表すものであろう。

こんにちの研究水準では、本書のようにいくつもの国に及ぶ叙述をすることはきわめて困難である。それは基本的に、研究水準が格段に上がり、研究文献の数も膨大になったからである。

さらに言えば、歴史家が、「全体を見る目」を失いつつあるからであろう。

堀米は、中世末期の一つの姿を描いた。本書は今なお、十分に味読に値する内容をもつ。さまざまな要素が入れられており、国際関係が重要視されているが、その根底にある国制史研究のため、一貫した叙述が可能になっているからである。

本書は、決して読みやすい本ではない。堀米は、本書の上梓の時点では、まだ歴史叙述の重要性に気づいていなかったのではないだろうか。

一九五八年から五九年にかけ、堀米は一年間半にわたり、アメリカに留学する。そこで得たものが活かされたのは、『正統と異端』である。

本書は、一九六四年に中公新書から出版され、二〇一三年、に中公文庫として復刊された。初版から五〇年を経ても、十分に読むに値する名著である。

『正統と異端』

私はこの本を、高校一年生のときに初めて読んだ。なにせカール大帝とシャルルマーニュが同一人物だとは知らなかったのだから、ほとんど理解できなかったのも無理はない。だが、本書には、それでもなお私を惹きつける魅力があった。今思えば、それは論理的構築力ではなかったか。

本書は、インノケンティウス三世と聖フランチェスコ（アッシジのフランチェスコ）との出会いからはじまる。堀米は、それは世界史的出会いだったという。この当時、使徒的清貧主義と道徳的厳格主義にもとづく宗教運動がおこっており、それに属する人びとは、ともすれば異端として断罪された。

五世紀にカトリック教会の教義を確立したアウグスティヌスの主張は、ごく単純に言うと、客観主義ともいうべきものであり、神の恩寵は、たとえそれを授けた聖職者がどのような人物であっても、手続きが正統であれば、聖職者の人格や行為に関係なく、神からカトリック教会を通じて直接信徒に与えられるというものであった。

それに対し、異端は、主観主義ともいうべき立場に立ち、聖職者が徳性に欠けたり罪があったりしたならば、神の恩寵は信徒に届かないというものである。

一一世紀のグレゴリウス改革は、伝統的立場ではなく主観主義に立ったため、一二世紀の異端運動を押し進めてしまう結果となった。インノケンティウス三世は、異端の追放には慎重になりながらも、なおも主観主義的立場をとることをやめない異端に対しては、それを弾圧追放した。ワルド派が、その一例である。

インノケンティウス三世は、わずかの例外を除いて、異端をカトリック教会内部に組み込むことができないでいた。そのときに現れたのがフランチェスコであり、じつは彼とても、異端として追放される危険性があったのだが、インノケンティウス三世はフランチェスコをローマ・カトリック教会の内部で活動させることに成功した。彼を異端として追放せず、カトリック教会に取り込むことに成功したという点で、二人の出会いは「世界史的」といえるのである。

このようにまとめても、たった二五〇頁ほどの本書の内容を適切に伝えられたかどうか、自信がない。本書は、それほどまでに密度が濃いのである。

『正統と異端』は、もちろん教会史・宗教史の書物である。しかしそれと同時に、研究手法は、まさに国制史そのものである。ローマ・カトリック教会の制度が、社会にどのような影響を及ぼしたのか、社会をどう変貌させたのかが、まざまざとわかるのである。堀米がすぐれた国制史家だったからこそ書けた書物であった。

主観主義者が考えるように、神からの恩寵がカトリック教会を通さなくても個人に直接与えられるという思想は、プロテスタントの主張と同じである。プロテスタントの運動を生み出した一つの鍵は、実はカトリックが主観主義に陥ったことにあったことが、本書の主張から読み取れるであろう。

『中世の光と影』

本書は、飛行機がイスタンブル空港に到着するところからはじまる。この本の特徴は、堀米自身がヨーロッパ各地を訪れたときの経験を織り交ぜながら、叙述を展開していく点にある。このようなタイプの歴史書は珍しい。通常、このような書き方をすれば単なる旅行記に終わりがちだが、堀米の筆は鮮やかであり、現在と過去とのあいだを、巧みに行き来する。それは、遠近法を用いた歴史叙述といってよい。

堀米は、他の多くの研究者と同じく、古典古代の文化、キリスト教、ゲルマン民族の三つをもって、ヨーロッパの特徴とする。そこでまず、ゲルマン民族の大移動に目を向ける。その後、地中海世界にイスラーム勢力が侵入し、地中海がヨーロッパの海からイスラームの海になっていく様子が描かれる。ゲルマン民族とイスラームのヨーロッパ世界に対する影響については、基本的にそれまでの学説と変わりはない。

ところで中世ヨーロッパの概説というと、ビザンツ帝国は組み入れられないのがふつうである。しかし本書は、ビザンツ帝国との関係で中世西欧世界を論じ、八〇〇年のカール大帝の戴冠でもってヨーロッパが成立するという立場をとる。ここに法王が皇帝に冠を授けるという、ビザンツ帝国とは異なる皇帝誕生のシステムが生まれたからである。ただし、それが最終的に確認されたのは、一一世紀後半のグレゴリウス改革と、その結果生じた叙任権闘争においてであった。一一二二年のウォルムス協約は、ヨーロッパの確立を示す指標となる。中世史とは、ヨーロッパの形成史だというのが堀米の主張である。堀米のこの観点は、大塚氏史学全盛の時代に中世史の重要性を明確に論じた点で、大きな意義がある。

カール大帝が形成したヨーロッパは、イスラーム勢力、マジャール人、さらにはノルマン人の侵入により大きく揺さぶられ、ヨーロッパは第二の民族移動ともいうべき状況に陥る。彼らは地中海にまで侵入し、シチリア王国を建国する。

またカロリング朝時代には、三圃制農業の導入など、農業技術の大きな発展があった。農業生産性が上がると、農業に依存しない人びとの数が増えた。彼らは都市に向かい、中世都市は大きく発展した。都市にはまた大学もでき、中世の学問が発達することになった。集約化した農業は、人を土地に縛りつけ、広域ではなく地域的な勢力が重要になっていく。

そして十字軍は、一一世紀初頭から地中海一帯におこった再征服運動を助長し、地中海を再びキリスト教の海とした。そのためヨーロッパは外界への通路を確保することになり、同時にヨーロッパ内部の発達に大きな刺激を与えた。

一二〜一三世紀になると、ドイツ、イギリス、フランスなど、現在の国家の原型をなす封建国家が成熟していった。封建国家が、封建国家の台頭は、法王と皇帝による二重構造の基盤を掘り崩すことになった。神聖ローマ帝国の権威は弱まり、法王は、従来もっていた教会支配権を大幅に各国君主に譲渡した。それは中世の終焉と近代の誕生を意味したのである。

このように『中世の光と影』は、さまざまな地域や出来事に目配りしており、政治史・国制史・文化史など、多くの分野を扱った書物である。ただそれだけに、個々のテーマに対する掘り下げ方が足らないという批判があるかもしれない。とくに当該分野の専門家からみれば、そう思われても仕方がないと、私は考える。しかしそれは無い物ねだりと言うべきものであって、本書は、ヨーロッパ中世の全体像を提示した点から、大きく評価されるべきであろう。「中世とは何か」という問いに対する堀米の回答が、本書に出ている。

『西欧精神の探求――革新の十二世紀』

堀米庸三は、一九七五年一二月二二日、肺ガンにより死去した。享年六二歳。六〇歳で東大を定年になってから、三年足らずのことであった。そしてその一ヵ月後、本書が出版された。

堀米は、アメリカの著名な歴史家チャールズ・ハスキンズ（Charles Homer Haskins, 1870-1937）が提唱した、「十二世紀ルネサンス」という考え方に賛同する。周知のように、古典古代世界の復興こそルネサンスの特徴であるが、ハスキンズによれば、そのような現象は従来考えられた一四世紀ではなく、すでに一二世紀にみられたという。

この時期に、西洋古典の文化が、イスラームとビザンツの文化を経由して、ヨーロッパに流入したのである。一四世紀のイタリア・ルネサンスではなく、それ以前にヨーロッパ人は自分たちの古典を「発見」したのである。そして堀米は、そこに西欧の革新をみた。本書でもまた、ヨーロッパは近代ではなく、中世にはじまると堀米はいう。

本書はＮＨＫ放送大学の実験番組「西欧精神の探究～中世」の講義と対談をもとに編集された。堀米による単著ではなく、堀米講演を含む複数の講演の書き起こし、堀米と講演者の対談、それに堀米の弟子・木村尚三郎が加わった鼎談からなり、執筆者八名による一四章立ての本である。

堀米は本書の第一章で、ギリシア的な東方ヨーロッパに対して、西方にローマ的な政治の中心がつくりだされ、カトリック教会の中心である法王権と、神聖ローマ皇帝の皇帝権が共同して中世ヨーロッパをつくり上げていくと主張する。それが明確にあらわれたのが、一二世紀のことであった。

このような問題意識にもとづき、農民の心、都市民の心、グレゴリウス改革、修道院精神、正統と異端、騎士道、愛、西欧的政治原理の発生、大学と学問、近代科学の源流、中世人の美意識、賛美と愛の歌、中世と現代という角度から中世ヨーロッパ世界を読み解き、一二世紀のヨーロッパに革新がみられたと主張した。

堀米のテーゼは、近世史家である私には首肯し難いものがある。たしかに、一二世紀にはさまざまな革新がみられたことは事実であろう。しかし、そういったものは、じつはいくつもの時代にみられるものではないか。こうした考え方を推し進めるなら、歴史は革新だらけになってしまう。

私の考えでは、ヨーロッパは、近世から近代にかけ、軍事革命、大航海時代を経て、世界のいたるところに植民地をもったことで誕生する。そして、ヨーロッパは、みずからの価値観を世界中に押し付ける鼻持ちならない教師になった。それこそが世界史上重要なことであり、「十二世紀ルネサンス」の時点では、ヨーロッパはなお生徒の役割を演じていたにすぎない。堀米が、ヨーロッパの内発的な変化を重んじるのに対し、私は、外部世界との接触こそが現在のヨーロッパをつくったといいたいのである。

構造史家から文化史家へ

堀米庸三は、北大から東大に移って堕落したとしばしば言われる。主要な研究は北大時代のものであり、東大教授になってからはテレビに出たり、一般雑誌に寄稿したりして、研究者としてはむしろ北大時代のほうが水準の高いものを出したとされる。

しかし、ここで取り上げた五点のうち、北大在籍中のものは一点だけである。ただし、『ヨーロッパ中世世界の崩壊』は基本的に北大時代に書かれたものであるから、北大在籍中の業績が二点、東大に移ってからの業績が三点となる。

おそらく一貫していたのは、中世全体をどのようにしてみるのかという意識であろう。たとえば堀米は『中世の光と影』において、中世の誕生から死までを描いた。中世全体を、一つの生命をもつ躍動的な時代として描いたのである。そこにあるのは、かつてのような中世暗黒史観ではなく、ヨーロッパは中世に誕生したのだという主張である。堀米は、中世史を研究する意義を強調した。堀米が編集した『西洋中世世界の展開』（東京大学出版会、一九七三年）のなかで、堀米の北大時代の教え子であった石川武が、「『中世国家の構造』から『中世の光と影へ』」と題する一論を書いている。

石川は、以下のように言う。

たとえば、同教授〔堀米庸三。引用者注〕がドイツにおける学界史のヴェーバーの理論を駆使して『中世国家の構造』に肉薄し、また、中世の平和運動の中に中世的裁判権＝支配権の変質、したがってまた『中世後期における国家権力の形成』の単著を探ろうとされたときの、あの高度に理論的な、そしてかなりの程度晦渋な文体を知る者のうち、果たして誰が、やがて同じ著者の筆から『中世ヨーロッパ』〔中央公論社、一九六一年。引用者注〕、とりわけ『中世の光と影』のような豊かな感受性に支えられた流麗な歴史叙述が生まれることを予想しえたであろうか。堀米教授は、おおむね右の時期〔東大に移った一九五六年。引用者注〕を境にして、明らかに理論家（ないし構造論者）から、「歴史家」へと大きく成長されたのである。（四五六頁）

石川が指摘するように、堀米の文章は、たしかに読みやすくなった。これには、東大に移ってからアメリカに留学し、英語の文献をよく読むようになり、オランダの文化史家ホイジンガに触れたことも大きな要因となっていよう。また、この留学後、堀米が権威主義的ではなくなったという声も聞かれる。

優れた歴史叙述

堀米は、中世、とりわけ一二世紀にヨーロッパの起源を求めた。これは、近世史を専門とする私には異論がある立場である。先にも述べたように、ヨーロッパは近世になって、それまで自分たちと接したことがない新世界の人びとに出会ったときに、強烈に自分たちがヨーロッパ人だというアイデンティティをもつようになったと私は考えている。したがって、一六世紀にヨーロッパの起源がある。

だが、もし中世にヨーロッパの起源を求めるとすれば、それは何世紀になるのか。

堀米の教え子であり、のちにその講座を継いだ樺山紘一は、『ゴシック世界の思想像』（岩波書店、一九七六年）で、それを一三世紀に求めた。

しかし、EUが誕生し、ヨーロッパが再び中世のように一体化したということを考えるなら、国家が台頭せず、皇帝と法王の二重構造が誕生したことでヨーロッパが一体化した一二世紀にこそ、ヨーロッパの起源が求められるのではないだろうか。

私の考えでは、堀米は終始、根本的には国制史家であった。それをベースにして、文化的な要素も加えた叙述をするようになった。堀米は、東大教授になって堕落したのではなく、構造史家から、国制史をベースとした文化史家へと成長したのだ。それは一人の歴史家の成長のあり方として、非常に望ましいものであった。堀米が、より彩り豊かな歴史を書く歴史家へと成長したことを意味するからである。

すぐれた歴史家とは、すぐれた歴史叙述を残した人のことをいうのである。

第6章　海事史の最高傑作のひとつ

デヴィド・カービー、メルヤ・リーサ・ヒンカネン著／玉木俊明・牧野正憲・谷澤毅・根本聡・柏倉知秀訳『ヨーロッパの北の海――北海とバルト海の歴史』刀水書房、二〇一一年

海事史とは何か

maritime historyは、通常「海事史」と訳される。現在の日本では、「海域史」と訳されることもある。この「海域史」という用語は、特にアジア史家によって日本の歴史学界に定着するようになった。海域からの歴史の見方について、たとえばイスラーム史家として知られる家島彦一（一九三九〜）はこう述べる。

海（海域）の歴史を見る見方には、陸（陸域）から海を見る、陸と海との相互の関係を見る、海から陸を見る、海そのものを一つの歴史的世界として捉えたうえで、その世界のあり方（域内関係）、他との関係（海域外や陸域世界との関係）を見る、などのさまざまな立場が考えられる（家島彦一『海域から見た歴史――インド洋と地中海を結ぶ交流史』名古屋大学出版会、二〇〇六年、iii頁）。

しかしながら、このように陸と海とを切り離して陸域と海域に分けるという発想は、本来maritime history＝海事史にはない。率直に言えば、家島の発言は、欧米のmaritime historyの研究状況に対して、まったく無関心であるとしか言いようがない。

例を挙げよう。エジプトのアレクサンドリア付近の海でとれた魚が——ありえない前提ではあるが——ロシアのウラジオストックまで陸上ルートで輸送され、この都市で食されたとしたら、それは海域史の対象になるのだろうか。それとも、陸域史の研究対象になるのだろうか。家島の発言は、複雑な歴史を単純にとらえすぎているように思われる。しかし、これが「海事史」の対象であることは間違いない。

漁民といえども、通常は陸で生活する。海での生活時間のほうが長い漁師など、滅多にいるものではない。輸送される商品のうち、少なからぬ部分は、陸上で生産されたものである。海の幸の多くは陸地で食される。すなわち、海域と陸域を明確に区別することはできない。そもそも欧米でのmaritime historyとは、「海に関連する諸々の歴史」とでもいうべき分野なのである。

たしかに、海をベースとした一定の地域の歴史を「海域史」と呼ぶことはできよう。しかし、私に言わせれば、そして欧米の歴史研究の伝統からしても、それは海事史の一部になると考えるべきである。

海からみた歴史

日本では、網野善彦（一九二八〜二〇〇四）が「海からみた歴史」を提唱した。そこには、日本は島国であるにもかかわらず、中近世の研究の主流は農村史であったことに対する批判が込められていた。「百姓とは農民ではない」という網野のテーゼは、すでに日本の歴史学界で受け入れられている。百姓には、漁民も含まれていた。

「海からみた歴史」研究は、欧米では無数に存在する。ヨーロッパを取り囲む地中海・大西洋・北海・バルト海という四つの海のうち、地中海を描いたフェルナン・ブローデル（一九〇二～八五）の『フェリペ二世時代の地中海と地中海世界』はその代表例である。

大西洋に関しては、それこそ研究は枚挙にいとまがない。他方、北海とバルト海に関する研究は、地中海・大西洋と比較するとはるかに少ない。しかし、今回取り上げる『ヨーロッパの北の海』は、北海とバルト海の重要性を読者にヴィヴィッドに訴えかける。その点で、北海・バルト海史の、ひいては海事史の最高傑作のひとつと言って差し支えないだろう。

そもそも、近世のヨーロッパ経済で重要な役割を果たしたロンドンとアムステルダムという二つの都市は、北海に面していた。ヨーロッパの対外的発展に不可欠な海運資材の多くは、バルト海地方で生産されたものである。地中海ではなく、北海とバルト海こそ、資本主義の揺籃の地であったということを忘れるべきではない（北海・バルト海の商業的重要性については、斯波照雄・玉木俊明編『北海・バルト海の商業世界』悠書館、二〇一五年を参照）。

全体の構成

海事史とは、「海に関連する諸々の歴史」である。したがって、海事史の書物の構成は一般に多岐にわたることが多い。その具体例をみるためにも、ここで『ヨーロッパの北の海』の構成をみておこう。

本書では、まず北海・バルト海の自然環境が紹介される。海事史の書物において、自然環境から論じられるのは、おそらくフェルナン・ブローデル以来の伝統であろう。私自身、『海洋帝国興隆史』（講談社選書メチエ、二〇一四年）という書物を上梓した際、北海・バルト海・地中海・大西洋の自然環境から論を開始したため、「ブローデルに倣って」といくつかのブログで書かれた。

しかし、拙著で自然環境を最初に述べたのは、むしろ『ヨーロッパの北の海』の影響である。それは、私が本質的にバルト海の歴史を中心に研究してきたからである。

『ヨーロッパの北の海』は、全部で一二章からなる。最初の三章では、北海とバルト海が、氷河時代以来、どのような自然作用によって形成されたのかが書かれている。

第四〜七章では、航海と船舶に関係する事項が述べられる。航海技術の発展、船舶の建造方法、海の支配をめぐる国家間の闘争、商人の世界が俎上に上がる。そして第八章では、漁業について論じられる。

第九〜一一章では、海に生きる人びとの姿が描かれる。船乗りたちの生活、さらにはジェンダー史という視点から、女性と海との関係が述べられる。

さらに最後の第一二章では、環境史の観点から、北海とバルト海について論じられる。この二つの海が、自然環境の点からどれほど危機に瀕しているかということが明らかになる。

全体を通じるモチーフは、元来は人間の手に負えなかった海が、人間が管理できるようになった過程を描くということであろう。環境史という、近年になって研究が進んだ分野をうまく取り入れ、海が、人を支配する存在から、人によって支配されるものへと変わっていく過程が示されている。

本書に書かれているきわめて多くの事柄が、それと大きく結びついているのである。しかも、扱っている時代は氷河期からこんにちにまで及び、きわめてスケールの大きな書物となっている。

では、次に本書の内容をもう少し詳しく紹介しよう。

自然環境

一万三〇〇〇年前に本格的に氷河の溶解がはじまり、北方ヨーロッパの海岸線が、こんにち知られるようなものになった。

紀元前六〇〇〇年には、北アメリカの氷冠が溶けたために地球規模で海面が上昇し、その水がどっとバルト海に入ってきた。さらに大地が隆起したことで、バルト海への通路は狭まり浅くなった。バルト海の入り口に位置するカテガト海峡やスカーイエラク海峡の水面下での酸素濃度の低下は、憂慮すべき兆候である。この酸素濃度の低下の主な原因は、浅い水域で栄養素が大量に増殖することにあり、それが今度はプランクトンの成長を促すのである

本書はさらに、近世の自然科学の変遷について触れている。科学の発展により、壮大な形而上学的思弁は実証的な観察に道を譲った。一九世紀には海を科学的に観察することが当たり前になり、それは二〇世紀の海洋・海底資源開発に大きく貢献した。本書は、科学的研究手法の発展を自然環境の叙述に組み入れた海事史の書物なのである。

北海とバルト海は、これまで無数に、人びとに大きな恐怖を与える災害をもたらした。一〇九九年から一五七〇年にかけて、北海沿岸では、少なくとも二八六の町や村が消滅し、一五〇万人以上の生命が失われた。人びとは常に、洪水や侵食を恐れて暮らさなければならなかったのである。

低地地方では人口圧により耕作可能な土地への需要が高まったため、湿地の干拓が一〇〇〇年頃

からはじまった。イギリスのリンカンシャーの沼地地帯では、一三世紀に海側の湿地帯と内陸側の排水をして、堤防が築かれた。

干拓が進行すると、湿原の生態系が根底的に変化したばかりか、人びとの暮らしも大きく変えた。たとえばオランダでは、土地の獲得により、増大する人口に必要な良質な耕地が与えられるものと信じられていたので、干拓により、栄養不足が解消されると考えられた。

また、海がどのようにイメージされていたのかが描出される。現在のわれわれの海に対するイメージは、一九世紀のロマン主義に由来する。海に出ることには、恐怖感が伴った。海は荒れ狂うのがふつうであったし、船酔いは頻繁にみられた。それでも船の設備は以前の世紀と比べるならはるかに豪華になり、船旅を楽しむことができた。

浜辺はもはや荒涼とした場所ではなく、より多くの人が住む土地となった。ようするに、海岸はリゾートになったのである。一七世紀の絵画では、海そのものではなく、船が本来の主題であったが、浜辺の景観が描かれるようになった。

さらに海は、列強諸国の政治的野心の対象となった。たとえばプロイセンは、自分たちこそ、バルト海と北海におけるドイツの利益を代表するハンザの継承者だと主張した。

海と自然環境の関係をめぐる本書の主張は、おおむね、右のようにまとめられよう。ただし、本書の密度は大変濃く、要約することは容易ではない。

おそらくどの読者も驚くのは、北海とバルト海の自然環境について、かなりのページ数が割かれていることであろう。本書では、人間に脅威を与えていた海が、やがて親しみの持てるものになっていった過程がきわめて詳細に描かれる。

航海と船舶

第四〜七章では、北海とバルト海の航海と船舶に関するさまざまなことが、克明に描かれる。第四章でまず描かれるのは、海図である。航海には、海図が必要である。最初の千年期末に、北方の諸民族が海図を描くようになった。一六〜一七世紀になると、オランダ人が作成する海図が増えていった。オランダ人は、北海・バルト海だけではなく、地中海や極東向けの航海に対する指示も書いた。

航海の技術も進歩した。元来、船乗りは樹木や奇岩といった天然の目印を使っていたが、羅針盤も使用されるようになった。やがて帆船から蒸気船の時代へと転換し、一九世紀末には、砕氷船が用いられるようになった。

北の海の港は浅瀬であったため、航海・操船の際に厄介な問題をもたらした。しかし、フリース人の初期のコッゲ船やヴァイキングの交易船は喫水が浅く、この難点から免れた。船舶がますます大型化した二〇世紀になると、港には大規模な倉庫群や波止場ができ、大型船が停泊できるようになった。そのため、港はより大規模なものとなり、身近な存在ではなくなっていった。

舟は、太古から北方ヨーロッパの人びとの生活に不可欠なものであった。著しく海進（海水面の上昇）があった五〜六世紀には、北海周辺の海岸線が大きく変化した。これは船の建造方法に変革をもたらし、新しいタイプの船が建造されるようになった。

たとえば、ヴァイキングが使用したロングシップ、ケルト的伝統を残しているとされるホルク船や、船底が平らなコッゲ船、四角帆を張ったカラック船などが現れた。ロングシップは加重が竜骨の上にかかり、船舶の両端が垂下したり歪んだりしたため、柔軟性のある以前の船ほどには航海には適さなかった。加えて、ロングシップよりもコッゲ船のほうがはるかに丈夫で、全高も大きかったため、戦闘では不利であった。こうした理由から、コッゲ船とホルク船を融合したタイプの船が、北海・バルト海で使用されるようになったのである。

また、オランダでは、鰊漁用にバス型船や、バルト海地方の穀物のようにかさばる商品の輸送に適した、船底が平らで幅広のフライト船が使用された。オランダの造船技術水準はきわめて高かったが、一七世紀末になるとイギリスがそれに挑戦するようになった。一七七四年になると、イングランド船の三分の一が、アメリカ製になった。

第七章では、船舶の建造方法が克明に描かれる。こういった部分まで、まったく手を抜かず、しかも、それが全体の論旨を乱さないようにうまく考えられている。これほどまでに、船舶の建造方法が描かれることは、あまりない。ここに、カービーの研究者としての並々ならぬ水準の高さがうかがえる。本書の特徴である、細部を描写しつつも、それが全体の論旨にうまく組み込まれるという点が、もっともよく表れた章だといえよう。

国家の役割の増大

船乗りとは、交易者であり、掠奪者であり、時には支配者ですらあった。船のおかげで、北方ヨーロッパの諸民族は、移住や定住、支配、そして侵入や掠奪が可能になった。

「バルト海―北海体系」は、七五〇年に成立したアッバース朝時代の交易を通じて、より密接に関係するようになった。アッバース朝とドナウ川、エルベ川流域のカロリング帝国辺境部のあいだの地域を包摂する、比較的統一された経済システムが創出された。つまり、アッバース朝は、経済的に、スカンディナヴィアとつながったのである。

一二〇〇年頃から一五〇〇年にかけては、デンマーク王の力が強かった。一二〜一三世紀の北方十字軍の時代、スラヴ人・バルト人・フィン人が居住していたバルト海南岸と東岸の地域は、キリスト教世界に編入されていった。さらに商人の力が強まり、一三世紀半ばにはリューベックを盟主とするハンザ同盟が成立し、その勢力は一三七〇年のシュトラールズント平和条約で頂点に達した。

一五〇〇年頃からは、国家による海賊行為が増える。よく知られているように、イギリスは国家が私掠行為を保護した。一六五一年に最初の航海法を発布したイングランドは、オランダの中継貿易を排除していく。

スウェーデンは、一六二一年のリーガ征服を嚆矢としてバルト海支配に乗り出し、三十年戦争に参戦する。一六六〇年には、バルト海はスウェーデンの内海となった。

しかし、北の海の国際舞台での地位は、一七世紀を最後に低下していった。貿易と国家利害は一体化し、ヨーロッパ諸国家のなかでイギリスが台頭する。一九世紀中頃には私掠船はもはや使われなくなり、列強の海軍力こそが、国家の命運を決める大きな要因となった。

ここでは、比較的自由に交易していた商人が、国家の枠組みに入れられていく様子が描かれているとみることができる。ただし、それを明示的に示してはいないのは、やや問題ではないかと感じた。国家が商業を保護し、商業活動を営むうえで、国家は無視できない存在となっていったことを、カービーはもっと強調すべきだった。

海との関係

海を使って商品をやりとりすることが、太古からの習わしであることはいうまでもない。一三世紀以前にはバルト海地方東部にはなかった亜麻と麻が、中世末期になると、西欧への主要輸出品となった。さらにエルベ川の後背地からは、穀物がゾイデル海の諸港へと輸出された。中世後期になると、その穀物は、フランドルやブラバント諸都市の人びとを扶養した。

一六世紀後半以降、バルト海地方からは、オランダ船によって大量の穀物がオランダにもたらされた。穀物だけでなく、オランダに到着した船荷はヨーロッパ各地に輸出され、オランダに莫大な富をもたらした。また、バルト海地方とノルウェーは、イギリスにマスト・厚板・モミ材など船舶用資材を供給していたので。一八世紀イギリスのバルト海貿易とノルウェー貿易の伸びは、大西洋貿易に匹敵するほどであった。

その一方で、バルト海地方では沿岸貿易が発達し、この貿易では農民商人（peasant trader）が活躍した。彼らの少なくとも一部は、密輸に従事した。たとえばメンリンブルク農民商人の交易圏は、ロシア、スウェーデン農民商人の交易圏は拡大していき、オランダにまで及んだのである。

帆船だけが使用されていた時代の交易はこのようなものであったが、一九世紀が進むにつれ、蒸気船の使用が増大した。したがって海運会社は大規模になり、何人もの人びとが一隻の船舶の持分を共有するという、古くからの船舶共有制度はなくなっていった。

北の海では、水棲生物が豊富である。漁業が発達したのは、そのためであった。とりわけ鰊漁はずいぶん盛んに行われ、最盛期には、デンマーク領であったスコーネへと、多くの商人が取引のためにやってきた。

近世のヨーロッパで、魚の保存とマーケティングの手法を確立したのはオランダであった。オランダの鰊漁は、一七世紀最初の数十年間に頂点に達した。

しかしこのようないわば旧式の漁業は、二〇世紀までに引網用蒸気船に取って代わられる。一九世紀後半になると、漁民の生活は以前よりも安定するようになり、漁業は兼業から専業へとその労働形態を変えた。一九五〇年代には稚魚鰊までが捕獲されるようになり、一九七七年には、北海産鰊の捕獲が禁止されるまでに至った。

この箇所は、やや叙述を急いだ感がある。もう少し長く書いても、良かったのではないか。とはいえ、この章でも、海を人間が支配していた世界から、人間が海を支配する転換が描けたのではないかと思う。本来、本書の主旨は、人間を支配する海から人間によって支配される海への転換であったのだから。

海に生きる人びと

海に生きる人びととは、陸上で生活する人びととは違った人種である。それは、彼らが独自のコミュニティを形成しているからである。これが、最近までの北方ヨーロッパの多くで受容されていた考え方である。だが、海での労働は季節的なものであり、それ以外の労働に従事している期間も長かった。

近世北方ヨーロッパにおける最大の海運国家はオランダであり、そのため、外国人が職を求めて、オランダに押し寄せることになった。一八一一〜一二年をみると、アムステルダムを出港するオランダ商船乗組員の四〇パーセントが外国人であり、大半がドイツ人であった。私掠船も含めて、海での仕事を余儀なくされる人びとの多くは、貧民であった。

古ノルド法によれば、乗組員はすべて商人であると同時に船乗りであり、協働して交易し、場合によってはすべての者に発言権があった。しかし一九世紀になって蒸気船の使用が増えると、乗組員がより多国籍化し、航海の期間ははるかに長くなった。そして船長の権限が強まっていき、船長はもう乗組員の仲間ではなくなった。その一方で、船長は他から孤立し、孤独な生活を余儀なくされ、大きなフラストレーションを抱えるようになったのである。

船乗りとは、どの地に行っても、いわばよそ者でしかなかった。孤独な帆船での生活は、航海者から、性の衝動を奪った。そのため世捨て人のようになる者もいれば、反対に快楽主義者になる船乗りもいた。

船乗りは男らしくなければならず、その生活に涙は禁物であった。耐えがたい試練に耐えれば耐えるほど、船乗りとしての価値は上がった。帆船こそ船乗りとしての技術が必要となるので、蒸気船に乗ることは、船乗りの自負心をいくらか失わせることになった。

船員にとって、海とは、造物主そのものであったため、彼らは、かえって海について話すことはなかった。

海に生きる人びとは、男性ばかりではなかった。本書では、近年目覚しく研究が発達している女性史の観点から、メルヤ＝リーサ・ヒンカネンが、女性と海との関係を描いている。

漁業を生業とする家庭では、通常、少年たちが父親と一緒に漁業に加わった。一方女性は、地域によっては、沖合の浅瀬から岩を引き上げ、その岩をバラストとして沿岸航行船の船内に積み込むという作業を行うこともあった。若い女性が流し網漁業に参加する事例もみられた。また、陸上で、燻製イワシの缶詰作業に従事したり、塩漬鰊のはらわたを取り除いて、それを樽に詰めたりする作業をすることもあった。ようするに、若い女性の労働力は、漁業にとって不可欠であったのである。

ただし男性は漁業、女性は農業というジェンダーにもとづいた分業をする地域もあった。船乗りの家族は、彼らが無事に戻ってこられるかどうか、心配しながら待つしかなかった。

女性たちは、海が自分たちの夫を奪い去るかもしれないということを承知のうえで、生きなければならなかった。夫が亡くなったという知らせは、船が到着して初めてわかることもあった。音信不通の期間が長く続き、夫が乗った船が、遠く離れた場所で難破したことを知ることもあった。

ここでは、海に生きる人たちの集合心性（マンタリテ）が描かれている。海に生きる男女が、どのような思いで生きていたのかということがわかる。海に生きるということは、こういうことだとわかる章である。海に生きる人びと、とくに女性の役割に注目した点で、新しい研究動向をうまく取り入れている。

危機に瀕した海

現代では、船舶の大型化、コンテナ化、車ごとフェリーに乗り込むということが増え、海運業や岸辺の生活を一般の人びとが目にする機会は、一九世紀以来、確実に低下した。臨海地区の再開発は、かつての波止場の光景をますます失わせ、海の仕事、海で働く人びとのイメージを抱きにくくさせた。

航海は乗客にとっては娯楽となり、海への恐怖は、ときに起こる海難事件を別にすれば、ほとんどなくなっていった。しかし他方、人間が公害を海に撒き散らし、生態学的に海の状態が悪化していった。

その一方で、海の汚染は深刻化しつつある。さらに、絶滅の危機にある魚の群体は増えている。北海油田の開発は経済的には大きなメリットをもたらすが、反面、石油が流出した場合の環境への被害は大きい。

内海であるバルト海では、富栄養化が進んでいる。藻類の発生により、バルト海内部で、深刻な生態系の破壊がおきている。

しかしまた、バルト海と北海の一部は、観光名所になりつつある。カティサーク大型帆船レースが開かれ、帆船という文化遺産を維持しようという動きもある。北海とバルト海はなお、かつてこの地で帆船による航海が栄えた時代の遺産を失ってはいないのである。

この最後の箇所だけは、他の章よりやや浮いているという気がする。それは、最後の章になって初めて、環境問題がクローズアップされるからであろう。それと同時に、人間が海を支配するようになったために、環境問題が生じたということも、付け加えておくべきだろう。

本書の評価

さて、以上のように何とか（本当にようやくのことでという感が強い）、本書の内容をまとめてみた。次に、本書はどのように評価すべきなのかという問いに答えなければなるまい。

ここで述べただけでも、本書にはさまざまなトピックがあることがわかっていただけるであろう。残念ながら、ここで書くことができなかった話題も多く、本当に信じられないほどに密度が濃い本である。しかも扱われている地域が一般読者には馴染みがないので、本書は簡単には読み通せない。

私自身、本書を訳しながら、地名から具体的な場所が特定できなかったことは珍しくない。私の翻訳の経験からも、地名の確定にこれほど時間がかかった本はなかった。

しかも、著者の一人であるカービーは、さきほどまでデンマークの話をしていたかと思うと、突如としてイングランドに移るというようなことを平気でするので、論旨の把握は簡単ではない。これは、カービーが、北海とバルト海を体感していたからこそできたことであろう。

本書の翻訳は、当初は二〜三年で終わらせようと思っていたのが、実際には一〇年という歳月が必要であった。訳者あとがきに、私は以下のように書いた。

この翻訳は、われわれにとって大きな挑戦となった。訳者たちは、本書の翻訳によって研究者として大きく成長したのであり、翻訳の遅れは、そのために必要な年月であったと実感している（本書、三六七ページ）。

本書の特徴として、文学作品が、じつにうまく叙述を引き立たせているということがある。しかし、それらの多くは日本人に馴染み深いものではない。翻訳が遅れているあいだに、ここで引用された文学作品の概要がウィキペディアに書かれたことで、ようやく理解できた場合もあった。

海と関連する多種多様な事柄が取り上げられ、それらすべてが、人間を支配していた海から、人間により支配されるようになった海へという構図に適合するように書かれている。そこに、カービーの構想力の凄さを発見した。

本書は、海域史ではなく海事史の傑作である。海域や陸域に分けて論ずるという手法をとるのではなく、海に関連する諸々のことが、本書には書かれている。だからこそ maritime history は、海域史ではなく、海事史と訳さなければならない。

それゆえ、本書は、海事史研究の最高傑作のひとつといえるのである。歴史書としての水準は、マルク・ブロックの『封建社会』、ピレンヌの『ヨーロッパ世界の誕生』に決して劣るものではない。たしかに本書は容易に理解できる本ではない。だが、ゆっくりと読み進めるなら、いや、ゆっくりと読んでこそ、本書の値打ちがわかろうというものである。速読ではなく、遅読すべき本であろう。すぐれた海事史がどういうものであるのか理解するためには、本書は必読文献である。

第7章　経済制度から歴史をみる

D・C・ノース、R・P・トマス著／速水融、穐本洋哉訳『西欧世界の勃興——新しい経済史の試み』新装版、ミネルヴァ書房、二〇一四年

ヨーロッパはなぜ経済成長したのか

近年隆盛をきわめているグローバル・ヒストリーの研究が目指している課題の一つに、「ヨーロッパ中心史観」の克服がある。近年、かつて考えられていたように、有史以来、ヨーロッパはアジアよりもずっと経済的に優位にあったのではなく、この二地域は同様の経済成長をしていたのが、近世のどこかの時点でヨーロッパが優位になったと主張する研究者が出てきた。

このような研究のなかでもっとも有名なのが、K・ポメランツ（川北稔訳）『大分岐——中国、ヨーロッパ、そして近代世界経済の形成』（名古屋大学出版会、二〇一五年。原著二〇〇〇年刊）である。この本におけるポメランツ（Kenneth L. Pomeranz, 1958-）の主張は以下のようにまとめられる。

イギリスと中国（長江流域）は、もともと同じような経済水準にあったが、新世界を発見し、大西洋経済を発見し、さらにイギリス国内には石炭資源が豊富であり、それを利用できたために、イ

ギリス、ひいてはヨーロッパがアジア以上の経済成長を成し遂げることができた。

換言すれば、新世界がたまたま「発見」され、石炭という資源がたまたま国内にあったから、イギリスはマルサスの罠から逃れることができ、ヨーロッパは、持続的経済成長を成し遂げることができた。中国には、この二つが欠けていた。そのため、持続的経済成長を実現することはできず、イギリス（ヨーロッパ）とアジアの経済に「大分岐（Great Divergence）」が生まれた、というのである。

ポメランツの議論は、世界中の経済史家にインパクトを与えた。現在の国際経済史において、彼の説に賛成するかどうかは別として、無視することは不可能だといってよいであろう。

しかし、ここで忘れてはならないのは、ヨーロッパの勃興の要因を探り、明確な回答を提示したのは、ポメランツが最初ではなかったということである。誰が最初であったのかは正確にはわからないが、ポメランツと同程度、場合によってはより多くの影響力があったのが、ダグラス・ノース（Douglass Cecil North, 1920-2015）である。

彼がR・P・トマスとともに著した『西欧世界の勃興』は、おそらく経済史の書物でもっとも広く読まれている本の一つである。ただし、ポメランツと違い、アジアとの比較という視点はなく、西洋のことしか書いていない。したがって、ヨーロッパ中心史観と言われても仕方あるまい。さらにいえば、アジアとヨーロッパの対比をしているというグローバル・ヒストリーの登場により、乗り越えられた部分もある。

しかし、彼らの理論には、今なお国際的に大きな影響力がある。それは、効率的な経済制度こそ、経済成長に欠かせないということを経済史研究者にしっかりと植えつけたからである。この点において、本書は記念碑的作品といえるのである。それ以前には、例えばマルクスは、生産力こそが歴史の行程を決定すると考えていた。マルクス主義経済学ではなく、近代経済学の手法を歴史分析に積極的に活かした最初の研究の一つである。

ダグラス・ノースはロバート・フォーゲル（Robert William Fogel, 1926-2013）とともに、経済史家として初めて――そして現在のところ彼らだけしかいない――ノーベル経済学賞（アルフレッド・ノーベル記念経済学スウェーデン国立銀行賞）を受賞した。

所有権と経済成長

本書の主張を簡単にまとめてみよう。ノースとトマスによれば、持続的経済成長にとってもっとも重要なことは、「所有権の確保」である。政権が変わることで財産が没収されるような社会では、富は蓄積されない。所有権が確保される社会がヨーロッパで誕生したからこそ、ヨーロッパでは持続的経済成長が可能になったのである。「私的収益率を社会的収益率に近づける活動と、個人の経済的営為とをつなぐ誘因を生み出すような制度や社会」が確立されると、経済効率が良くなる。単純に言うなら、個人が儲かると社会も得をする社会の成立が経済効率の上昇のためにきわめて重要なのである。ノースとトマスは、このように経済制度の効率性を重視する。だからこそ彼らは、新「制度学派」と呼ばれるのである（「新」がつかない「制度学派」は、二〇世紀前半に活躍したヴェブレンらの経済学における社会制度を重視した人びとを指す）。

著者たちは、所有権が発展して、私的収益が社会的収益と等しくなる社会がなかなか生まれなかった理由として、二点をあげる。第一に、第三者に取引にかかわる費用の負担を引き受けさせ、フリーライダー（ただ乗り）を防ぐ技術が発展していなかったこと。第二に、人びとが入手する利益よりも取引費用のほうが大きな社会が長く存在しており、そのような社会では、所有権が確保されていないため、経済活動は活発にならない。

国家は、市場経済の拡大によって大きな利益を得た。封建社会が崩壊すると、荘園は経済効率を上昇させるために、一つの共同体、すなわち国家に成長しなければならなかった。そして国家は生き残るために、租税収入を増やさなければならなかった。国家機構は強化され、遠隔地交易に従事する商人の商業活動を保護するまでにいたったという。

以下、本書の内容をやや詳しく紹介し、その後、私自身の主なコメントを加える。

中世のヨーロッパ経済　九〇〇～一五〇〇年

ノースとトマスの考えでは、所有権を変化させる圧力は、資源が社会の需要に対して次第に乏しくなってくるときになって初めて現れる。

彼らは、荘園制度と封建制度を同一視しているように思われる。少なくとも、封建制度下の経済とは、荘園制度によって説明できるものと考えているようである。

彼らによれば、封建制度のもとでは、市場経済は存在していなかった。そのような社会においては、個々の兵士による奉仕に対する支払いを決定するのは、マーケットメカニズムではなく、交渉である。封建制度において交渉費用（適切な契約を締結するのに必要とされる費用）は十分に低かったので、それに適合した制度だといえた。

しかし、封建制度は、本来不安定な制度であった。それは、この制度が高い実施費用（新しい制度を確立するためにかかる費用。封建制度の実施費用が高いということは、新しいことをおこないにくい）を要したことからもわかる。封建的世界が非市場経済にとどまっているかぎり、封建制度は効率的に存在したのである。つまり、市場という新制度を導入するには不向きな組織であったといえる。外部的条件が変化すると、封建制度、荘園制度は根本的に変化することになる。

一二〇〇年頃になると、一〇世紀にあった古典荘園は時代遅れとなった。それは、もともと農奴が請け負っていた労働賦役が金納化され、年々の貨幣支払いに代わったからである。

中世盛期には人口増大が続き、労働生産性は上昇した。人口の増大は、未開墾地が耕作されるあいだは続いた。

しかし、人口増がある水準を越えると、人びとは、辺境へと移住することになった。土地は希少になり、生産性が低下することになった。ノースとトマスは、中世において荘園制が崩壊した過程を、以下のようにまとめる。労働賦役は、荘園時代には効率的な契約形態であった。しかし荘園的契約の実行には、高い費用がかかった。労働が忌避されないようにするために、監督・管理する必要があったからである。したがって賦役労働に取って代わり、金納化が広まったのである。

このように荘園での金納化が実現すると、常備軍の支払いも貨幣支払いへと変わった。市場経済が形成され、取引費用（経済取引を実行するときに発生する費用）が低下していった。

九世紀に入る直前、西欧では三圃制農業が導入され、徐々に西欧諸国に広まっていった。土地が希少になって初めて、三圃制の便益は、二圃制の便益を凌駕するようになった。三圃制が導入された地域は、収穫逓減が冷酷な事実として生活にのしかかっていた地域であった。三圃制は、変化した状況（土地・労働・資本の投入から得られる収穫は，それらの投入量の増加に従って増えるが，その増え方は徐々に小さくなるという収穫逓減の法則に見舞われたこと）への対応だと考えられるのである。

中世盛期においては、かつて市場制度がみられなかった地域にも、市場が創出されるようになった。この発展は、取引費用の減少を伴い、さらに水車など新しい動力源を導入することで、生産性を引き上げた。

一三世紀の西欧では、貿易が拡大し、地域間分業が広がり、生産の特化が刺激され、商業基盤が拡大された。そのため取引費用が低下し、さらに独自の資源開発がなされ、生産性は改善され、社会は、技術、組織、制度の効率性上昇から利益を受けたのである。このようなことから、市場メカニズムの動きが活発になっていった。

しかし一三世紀になっても、マルサスの罠から逃れて、持続的経済成長を成し遂げることはできなかった。それは、人口の増加率が経済進歩よりも大きかったからである。

一四〜一五世紀、ヨーロッパ経済は縮小し、不況が生じた。ヨーロッパ諸地域では、繰り返し、飢饉、疫病、戦争が生じた。しかし、すべての点で悪かったわけではない。

疫病は、周期的に生じた。とりわけ、一四世紀半ばのペストは、多くの人びとの命を奪った。一四〜一五世紀は、マルサスが描いたような人口増への有効なチェックが働いたともいえる。

人口減少は、経済的には労働者に有利に働いた。たとえば労働の価格は、土地の価格に比べて上昇した。すなわち、実質賃金は上昇したのである。

農民数が増えなかったのだから、彼らは農奴ではなくなり、やがて土地の慣習的な保有権を有するようになった。都市国家が衰退し、国民国家が勃興した。それは、貨幣経済と貿易拡大の必然的な結果であった。

国家は、財源を増加させるために、みずからの力と規制の及ぶ地理的範囲を拡大し、さらに新しい歳入源として、新たな租税、貸付け、特権に対する支払いを見出した。

もはや封建諸侯による自弁の軍隊ではなく、国民国家が、自前の軍隊をもつようになった。そして、傭兵に取って代わって、常備軍が置かれた。封建世界の制度的枠組みは維持できず、国民国家が台頭した。絶え間ない戦争のため、市民は国民国家による保護を受けるために費用を支払った。国民国家は、封建的無政府状態に対する一種の改革であった。一五世紀後半になると、再び人口が増加して市場の復活がみられ、商業領域はヨーロッパを越えて発展するようになっていった。

ここでは、国民国家の台頭により、経済が発展したことが述べられている。封建制から国民国家の世界へと変貌するにつれ、軍隊が傭兵から常備軍となり、それにより市民が外敵からの保護を受けるようになり、経済を促進する制度的枠組みが形成されたというのだ。

このような主張は納得できるものの、おそらく多くの歴史家にとっては議論があまりに抽象的で、何が言いたいのかわかりづらいのではないだろうか。それは、本書の問題点だと言えよう。

近世社会　一五〇〇～一七〇〇年

ノースとトマスは、近世の諸国家は、当座の収入を最大化する新しい取り決めに関心をもったという。自発的な団体から所有権の保護を引き継ぎつつある国家には、明らかに規模の経済性が存在した。私的部門にいる諸個人は、いつも租税を回避するフリーライダーになる誘因があったので、君主は、評価可能で徴収の容易な収入源を見つけなければならなかった。しかし、情報費用が非常に高くついたため、近代的な課税方法をとることはできなかった。

こうしたなか、一七世紀が終わる頃には、オランダやイングランドが勝者となり、フランスが失格者、そしてスペイン、イタリア、ドイツといった敗者が明らかとなった。いくつかの地域や国々では、歴史上初めてマルサスの罠から逃れることに成功し、他の所では失敗した。何がその違いをもたらしたのかと、彼らは問うたのである。

一六世紀には、西欧を通じて、持続的な人口成長がみられた。それに伴い、都市に居住する人びとも増加した。一七世紀になると、オランダ連邦、イングランドおよびウェールズで人口が増加を続けたが、イタリアやフランスでは停滞し、スペイン領ネーデルラント、スペインでは人口が減少し、おそらくポルトガルとドイツでも同様であった。それに付随して、物価は、一六世紀には大きく上昇したものの、一七世紀になると、インフレーションは沈静化した。そして人口増のため、実質賃金は急速に下落した。

一六世紀には、貿易量はどこででも増大した。地中海では、ヴェネツィアが台頭した。とくに北ヨーロッパでの貿易量増加は著しかった。ネーデルラントの都市アントウェルペンは、一六世紀のあいだに北ヨーロッパの主要港になったが、やがてアムステルダムに取って代わられた。

一六世紀の生産性についてみると、農業では低下し、手工業では一定であり、市場の取引部門では増加した。収穫逓減が支配的であり、西欧は、マルサスの罠に陥り、一七世紀になると、飢饉と疫病がヨーロッパの国々を襲ったのである。ノースとトマスは、以下のようにいくつかの国の事例をあげ、それぞれの国の状況について論じる。

⑴ フランス

一七世紀のアンシャン・レジーム期のフランスでは、国王の課税に対する支配力が絶対的であり、また、巨大な官僚制が王室の恩寵に依存していた。

フランス国王の財政政策は、広範囲にわたる市場の外延的拡大を阻害する、ありとあらゆる手段となった。市場圏は、一般に、二、三の大都市と特定の外港の周辺を越えては拡大しなかった。貿易は、フランスにとって大きな意味は持たず、たとえば、生産された葡萄酒の九〇パーセントが国内で消費された。

農業については、フランスでは小農的土地保有が典型であった。近世フランス農業の貧困は、効率的な調整および新技術の革新の失敗、ないし制度的変化の失敗が原因であった。ここから考えるに、フランスの農業生産は効率的とはいえなかったであろう。

結局、フランス経済が持続的経済成長を実現できなかったのは、国家が、一連の効率的な所有権を発展させられなかったためである。たしかに、土地は譲渡可能となり、農奴は解放されたが、生産物市場は、中世後期と同様、不完全なままであった。

(2) スペイン

スペインの政治構造は、フランスのそれと似ていた。租税構造を変え、また支払われるべき税額を定めることを可能にする一定の独占力を、国王が徐々に獲得していった。

スペインでは、王室の三大歳入源――メスタ（移動牧畜業者組合）からの徴税、低地地方と他の所領からの支払い、新世界からの財宝――のうち、二つは国外からのものであった。スペイン帝国は非スペイン領域の歳入に依存し、それとともに衰退した。

スペイン帝国はたびたび戦争をし、そのために巨額の出費を余儀なくされた。そのため、数度にわたり、国家自体が支払不能を宣言するに至った。スペインは、効率的な経済組織を発展させることに失敗したのである。

(3) ネーデルラント

ネーデルラント、とくに北部七州は、マルサスの罠から逃れた西欧最初の地域であった。オランダの成功が興味深いのは、オランダが相対的に少ない資源しかもたない小国だったからである。ネーデルラントの繁栄は、ブルゴーニュ諸侯が後押しした。一六世紀アントウェルペンの勃興は、自由な貿易政策によって、織物貿易を魅きつけ、ポルトガルからの香料貿易の中継港となり、そして国際金融の中心となったからである。ネーデルラントでは、農業の生産性も高かった。

貿易と商業の成長が、近世を通じて、ネーデルラント経済の原動力となった。国家は取引費用を引き下げ、商業を刺戟するあらゆる手段を講じた。アムステルダムが国際貿易の中心地となったため、規模の経済が成立し、取引費用は低下した。

ネーデルラントで農業が発展した一因は、農村にギルド規制がなくなったことに求められる。ネーデルラント経済は、生産物市場、資本市場の両方で発展した。

アントウェルペンと同様、アムステルダムでも貨幣市場が発展した。為替手形が流通し、信用決済が増えた。預金は、政府自身によって保障された。このように、所有権を政府が保障したのであり、それが、ネーデルラント経済発展の大きな要因となった。

(4) イングランド

イングランドは、一八世紀初めには、世界でもっとも効率的な経済システムをもち、急成長を遂げ、オランダに取って代わった。

イングランドでは、エドワード・コーク卿によって、慣習法が最高法となった。コークは、当時台頭しつつあった商人や貿易会社の代弁者であり、彼らは、自分たちに課されていた諸制約を取り去ることに成功した。

さらにイングランドは、航海法を発布することで、イングランド植民地からオランダ人を排除しようと試みた。この政策は一七〇〇年には成功を収めて、全植民地市場はイングランドの手に帰した。

工業に目を転じると、一六世紀には、鉱炭業、錫および鉛鉱業、鉄鋼業が発展した。イングランドの工業生産は地理的に特化するようになった。そして、農業と同様、要素（労働・土地・資本の）市場と生産物市場の両方で、所有権がより効率的に組み合わされるようになった。

一七世紀には、革新を促進する特許法が誕生し、封建的農奴制が完全に廃止され、古い規制組合に取って代わる株式会社の萌芽がみられ、産業規制とギルドが衰微した。そのため、労働者の移動と経済活動の革新が可能になった。議会制民主主義が確立し、所有権と慣習法が統合されたことで、新しい経済機会を利用するのに熱心な人びとの手に、政治権力が移った。それは、生産的な経済活動を保護し奨励するような法体系に不可欠な枠組みを提供したのである。

ここで取り上げられているのは、当然のこととはいえ、各国経済の内生要因であり、外生要因は捨象されている。そのため、たとえば新世界やイスラーム諸国が、ヨーロッパにどのようなインパクトを与えたのかということは、考察の対象にならない。経済学的にはそれで良いのかもしれないが、複雑な歴史を簡単にまとめすぎている点が問題であろう。
本書は、あくまで経済モデルから歴史をみたものとしてとらえるべきである。

その評価――市場とのかかわりを中心に

このようにまとめてみて、読者は奇異な思いを抱かれたのではないか。ノースとトマスが描いた世界は、現在の経済学の主流である新古典派の理論と経済史を統合したものである。したがって、経済学の論理で複雑な歴史をバッサリと斬る。それは、多くの人びとにとって、受け入れられない歴史学であろう。いわば、レントゲン写真を見せて、これが人間だと言われているようなものであり、人間とはどういうものか、よくわからないというのと、同じような感想が出てくるのではないか。

どのような歴史学も、複雑な現実を単純化して捉える。事実をそのままの形で捉えることなど不可能である。したがって、歴史家が描く歴史とは、事実を単純化したものである。だが、ノースとトマスの単純化は、おそらく経済史家以外には受け入れられないだろう。なぜなら、すべてを所有権の問題に一元化し、ヨーロッパ内部の経済事情だけから、所有権の発展と経済成長を論じているからである。

この点で、ポメランツはまったく正反対の立場をとる。すでに述べたように、新世界を発見したからこそ、イギリス、ひいてはヨーロッパはマルサスの罠から抜け出すことができた。この点において、私はポメランツに完全に同意する。

しかしその一方で、ノースとトマスが提起した経済成長に適した「制度」という観点も魅力的であり、私自身の研究にも取り入れている。

社会制度によって、経済が成長することもあれば、衰退することもある。おそらくそのような考えは、ずっと以前からあっただろう。彼らのオリジナリティは、「所有権」が確保されれば経済は成長すると、考えたところにある。所有権が確保された社会とは、経済成長の潜在力がある社会である。そのような社会がやがて持続的経済成長を遂げると、おそらくノースとトマスは考えた。

ところで新制度学派に大きな影響を与えた研究者として、ヴェネツィア経済史の大家フレデリク・レイン（Frederic C. Lane, 1990-84）の名を逸することはできない。しかし奇妙なことに、日本では、レインの新制度学派への貢献は、ほとんど知られていない。

近世において、国家が強く経済に介入することは、ヨーロッパ諸国に広くみられた特徴である。そのために経済成長が生じたということも、現在の経済史学界では一般に認められていることである。このような議論において重要な考え方を提起したのが、フレデリク・レインである。彼の考えにもとづくなら、たとえば中世のヨーロッパでは、商人は取引のために旅行する際、海賊による略奪から自分たちで身を守るか、誰かに守ってもらうための費用（保護費用）の出費を余儀なくされた。これをレインは、「保護レント（protection rent）」と呼ぶ。しかし近世になって、国家自身が保護費用を負担し、企業家が保護レントを負担する必要がない国家が誕生した。ヨーロッパ全体で、程度の差こそあれ、国家が保護費用を負担し、企業家は保護レントの支払いを完全にとはいえないにせよ、かなりの程度免れたのである。

右に述べたレインの論は、新制度学派の誕生に大きな影響を与えた。すなわち、経済成長においては国家の役割が重要であり、国家が経済成長に適合的な経済制度を構築しなければならないという発想が、新制度学派に取り入れられたのである。ノースとトマスはそれを、国家による所有権の保護という観点から定式化した。

本書から判断するかぎり、彼らの理論に欠けているのは、市場の成立、さらには市場機能の発展という観点であろう。たしかに本書では、市場のことが取り上げられる。しかし、その量は決して多くはない。市場は、財産権というシステムの中に埋没しているようにさえ思えるのである。

資本主義社会の特徴の一つに、市場経済の存在があることは言うまでもない。それまでは家庭内で生産されていた商品が、市場で購入されるようになる。たとえば味噌や酒は、以前なら各家庭でつくられていたが、現在では市場で購入するのがふつうである。市場経済の発展こそ、資本主義経済のメルクマールとなる。そして市場経済のはたらきにより、持続的経済成長が可能になるのである。

とすれば、ノースとトマスが、市場経済を発展させるためには、所有権の獲得こそがもっとも重要であると言わなかったこと自体、むしろ奇妙というべきなのである。現在の研究では、国家が暴力的手段を用いて市場を保護したからこそ、近世のイギリス経済は成長したのだという見方が主流になっている。彼らの弱点は、やはり、市場経済の発展と所有権の確立との関係を見出せなかった点にあろう。

歴史における制度の役割

現在の経済史家のなかで、経済成長における政府の役割を最も強力に主張するのは、パトリック・オブライエン（Patrick O'Brien, 1932-）であろう。彼は、重商主義戦争で、イギリス政府が時には軍事力をもって市場を保護したため、イギリス経済は発展することができたという。つまり、マンチェスター学派が主張する自由主義経済政策を採用していたなら、イギリスがヘゲモニー国家となることはなかったというのだ。国家が軍事力を使って市場を保護し、そのためにイギリス経済は成長したとオブライエンは考えている。

一方、ノースは、バリー・ウェインガスト（Barry R. Weingast, 1952-）とともに一九八九年に執筆した共同論文において、イングランドの名誉革命で、イングランドに所有権が確保されることになり、近代的な経済成長が可能になったと主張した。ノースの議論は、このようにあまりに単純である。ノースとウェインガストの研究は、現在では基本的に否定されている。名誉革命以前から、アムステルダムの商業ノウハウ、金融上の知識やノウハウがイングランドに伝えられていた。オブライエンによれば「名誉革命」とは、単なるクーデタにすぎない。私が思うに、たった一回の革命やクーデタ、あるいは国王がオランダ人になったことくらいで、オランダの経済制度が導入され、根本的に変革することはありえない。制度の変革は、長い時間をかけて実行されるものだからである。

さらにノースとトマスには、スティグリッツ（Joseph Eugene Stiglitz, 1943-）によって有名になった情報の非対称性という視点がない。むろん、これは本書の原著が上梓された一九七六年以降に発達したのだから、彼らが利用できなかったのも無理はない。しかし、情報の重要性に関しては、すでに一九六三年にケネス・アローが論文を書いているので、彼らがほとんど無関心なのには納得がいかない。

スティグリッツによれば、専門家と非専門家のあいだには、情報の質と量で大きな違いがある。専門家が非専門家を騙そうとすれば、簡単にできる。しかしそういうことをしてしまえば、非専門家は専門家のいうことを信用せず、取引は成立しなくなる。それは、「市場の失敗」と呼ばれる。

持続的経済成長は市場の成長と連動しており、市場の成立には情報の非対称性の少ない社会が成立することが前提条件になる。

ノースとトマスが言うように、所有権の確保は経済成長にとって重要であるが、市場経済の発展ということから考えるなら、明らかに情報の非対称性の少ない社会の誕生という観点のほうが経済制度を説明する概念として有効である。本書は、このような視点から批判されるべきであろう。

本書は、たしかに経済史の古典である。しかし、歴史家としてのセンス、歴史叙述としての面白さはなく、所有権の確立という特定の理論に基づいた事実がピックアップされて論じられる。そこに歴史書としての奥行きはない。

しかし、経済史研究における制度の重要性を主張した点では、大いに賞賛されるべき本だとも思う。これは、ポメランツには欠けている視点である。経済成長を促進させる制度をヨーロッパが築いたと考えるほうが、「大分岐」の理由を説明することが容易になるのである。

私は、このような観点からの「大分岐」論が必要だと思うのである（この点については、玉木俊明『近代ヨーロッパの形成――商人と国家の近代世界システム』創元社、二〇一二年を参照のこと）。

第8章　現代社会を見る眼

I・ウォーラーステイン著／川北稔訳『近代世界システム』第一〜四巻、名古屋大学出版会、二〇一三年

『近代世界システム』の登場

ウォーラーステインの『近代世界システム』の訳者である川北稔は、私との対談で、その原著第一巻に挙げられている参考文献は、ほとんどすべて読んでいたと語ったことがある（『私と西洋史研究──歴史家の役割』創元社、二〇一〇年）。じつは私も、「ほとんどすべて」とまではいえないが、その多くを読んでいる。

川北は、多数の論文を読んでから『近代世界システム』に出会った。私は、『近代世界システム』の参考文献を手掛かりとして、さまざまな本や論文を読んだ。二人のプロセスは違うものの、最終的におそらく同じ気持ちを抱いたのではないかと考えている。

それは「一六〜一七世紀ヨーロッパ経済の研究者は、これこそ自分が考えていたことだと思ったのではないか」ということである。ウォーラーステインの論が世界的にある程度は受け入れられた

のも、じつはさほど新しいことを言っていなかったからであろう。多くの歴史家は、『近代世界システム』に自分の考えを見いだした。ウォーラーステインは、そういった人びとの代弁者であった。第一巻と比較するなら、それ以降の巻のインパクトは薄れる。その一つの理由は、ウォーラーステインが、もはや多くの経済史家の代弁者ではなくなったことが一因であろう。研究対象とする時代が下るにつれて研究者の数は増え、それと比例して研究書や論文の数も増える。したがって、共通の見解はもちにくくなる。

さらに、原著の第三巻が上梓されたのが一九八九年であり、第四巻の上梓が二〇一一年と二〇年間以上の時間がかかったことも、「近代世界システム」論の勢いが衰えた理由であろう。

だが、根本的な原因は別のところにあるかもしれない。

私の考えでは、本書の問題点は、近代世界システムの特徴を国際分業体制にあるとし、工業国が第一次産品輸出国を収奪すると考えた点にある。それでは、現実世界をなかなか説明できなくないということを、人びとが理解してきたからであろう。しかし世界を一体のものとしてとらえようとした点に、ウォーラーステインの魅力を感じることも事実なのである。

近代世界システムとは

このごろは、「近代世界システム」といっても、説明なしには理解されないことが増えた。ここで、手短にこの論についてまとめておこう。

近代世界システムとは、持続的経済成長と支配＝従属関係を前提とする社会を生み出したシステムである。それは、拡大を基調とするシステムであり、成長のために常に新たなマーケットを必要とする。ヨーロッパの対外的拡張は、本質的には、近代世界システムのこのような特徴に由来する。そして「世界システム」の「世界」とは、全世界を意味せず、複数の国家などからなる比較的大きな地域を指す。

一六世紀末から一七世紀初頭にかけてヨーロッパで形成された経済システムを、ウォーラーステインは「ヨーロッパ世界経済」と呼んだ。このシステムが世界的に拡大することで、世界は一つになった。ヨーロッパ世界経済がやがて真の意味での世界経済となる過程は、ヨーロッパの対外的拡張と同時に生じたのである。「世界経済」とは、あくまで経済上の統一体であり、政治的統一体ではない。複数の都市国家や国家からなる政治的統一体は、「世界帝国」と呼ばれる。

世界帝国とは政治単位である。それは、比較的高度に中央集権化された政治システムをいう。このような意味での帝国は、ウォーラーステインによれば、過去五〇〇〇年間におよぶ世界史のなかで、どこでもみられた。

帝国は政治的に中央集権化され、富が周辺部から中央部へと流れた。このような政治機構には官僚制が不可欠であった。そして、富が世界帝国の官僚制の維持のために使われたのである。それは、世界帝国に属する国々にとって大きな経済的負担になった。

一六世紀以前の社会においても、「世界経済」と呼べるほどの比較的大規模な経済圏はみられたものの、世界帝国になってしまったため、経済的に非効率になり、近代的経済成長にはつながらなかった。たとえば、中国、ペルシア、古代ローマの事例がそれにあたる。その維持のためのコストは莫大であり、経済的な無駄が多かった。

しかし、ヨーロッパ世界経済の誕生によって近代世界システムが生まれると、巨大な帝国はなくなり、各国が経済的に競争するようになると、経済的な無駄がなくなった。以前なら官僚制の維持などのために膨大なコストが必要であったが、それが不要になったので、各国の経済負担はずいぶん軽くなり、経済活動に多額の資金をつぎ込むができるようになった。だからこそ、経済成長が生まれたのである。競争の単位は主権国家であり、各国が飽くなき利潤を求めて競争した結果、ヨーロッパ経済は成長したのである。

先にも述べたように、近代世界システムは、支配＝従属関係を特徴とする。まず、ヨーロッパ内部では、一六世紀以降エルベ川以東のプロイセンでグーツヘルシャフト（農場領主制）が発達した。大農場経営のもと農奴が働き、そこで生産された穀物は西欧へと送られた。グーツヘルシャフト地域は穀物のみを生産し、それを先進地域である西欧に輸出するほかなくなり、西欧に従属することになった。西欧の成長は、この地域が従属化したからこそおこったのである。

「ヨーロッパ世界経済」が拡大し、「世界経済」になるあいだに――たとえば船舶が大型化し、輸送コストが低下し、さらに「価格表」が作成され、ヨーロッパ各地の取引所の価格が簡単に知られるようになった――経済活動に必要なさまざまなコストが減少してゆき、ヨーロッパとそれ以外の地域のあいだに支配＝従属関係が生み出されていった。アジアやアフリカはヨーロッパに第一次産品を供給する一方、ヨーロッパの工業製品を輸入する地域となり、ヨーロッパに従属してしまうことになった。

『近代世界システム』の概要

では次に、具体的に『近代世界システム』各巻の内容を紹介し、それについての私のコメントを付け加えたい。

第一巻　農業資本主義と「ヨーロッパ世界経済」の成立

第一巻は、全四巻のなかでもっとも興味深い巻である。西欧経済が成長し、その反面、東欧経済が西欧への第一次産品（食料）輸出地域となり、従属化するという視点は、出版時には、かなり新鮮なものだったと思われる。

第一巻では、近代世界システム誕生時の姿が描かれる。歴史上いくつか存在した世界帝国は、帝国を維持するための官僚群が膨大になり、それを維持するためのコストが高くなりすぎたため、崩壊することになった。このため、一六世紀のヨーロッパではそのような帝国はなくなり、各国が経済的競争に従事する近代世界システムが誕生したというのである。官僚制度を維持するとてつもなく高いコストがなくなったため、経済的負担が軽減されたというのが、ウォーラーステインの主張である。

だが、それは実証的には支持し難い。こんにち急速に発達している財政史研究によれば、ヨーロッパ各国はたびかさなる戦争により巨額の借金をしていた。戦時中には、その借金が国家予算の半分を超えることは、決して珍しくはなかった。このような財政負担が、世界帝国を維持する負担と比べて高かったのか低かったのかはわからない。そもそも世界帝国を維持するのに、どの程度の財政負担があったのか、ウォーラーステインは算出していない。一六世紀中葉以降のヨーロッパでも財政破綻をきたす国もあったことを考えるなら、世界経済の維持には、大きなコストがかかったと考えるべきであろう。

第二巻　重商主義と「ヨーロッパ世界経済」の凝集　一六〇〇～一七五〇

第二巻では、ヘゲモニー国家が論じられる。これは、この巻になって新しく加わった概念であり、以後、ウォーラーステインの重要な分析ツールとなる。

ヘゲモニー国家とは、工業、商業、金融業の三部門で他を圧倒するような経済力をもつ国のことをいう。そして世界経済は、中核、半周辺、周辺から成り立つ。中核国は強大な権力をもち、周辺諸国を収奪する。さらに、中核と周辺のあいだに、一種の緩衝地帯である半周辺が位置する。このようなシステムが、一六世紀中葉のヨーロッパで誕生し、やがて世界を覆いつくすことになった。ウォーラーステインによれば、世界史上、ヘゲモニー国家は三つしかなかった。一七世紀中葉のオランダ、一九世紀終わりごろから第一次世界大戦勃発頃までのイギリス、第二次世界大戦後からベトナム戦争勃発の頃までのアメリカ合衆国である。

第二巻では、一七世紀中葉にヘゲモニー国家となったオランダに対して英仏が挑戦し、やがてイギリスがオランダの次にヘゲモニーを握るまでの過程が描かれている。このように、いわば国家の興亡史こそ、この巻の最大の醍醐味であり、読んでいて面白い。

とはいえ、こんにちの研究水準からすると、実証的には問題が多い。近世のオランダは分裂国家であり、中央集権化傾向は示さなかった。とすれば、レイデン（ライデン）の毛織物とアムステルダムの金融業の成長を、オランダ国民経済の発展と同一視することは不可能である。さらにオランダは、決して強大な権力をもつ国家ではなかった。イングランドが何度も航海法を施行し、オランダ船排除を狙ったことを考慮に入れれば、海運業こそがオランダ経済――オランダ国家ではなく

――の生命線だったのであり、ウォーラーステインが主張するように、工業、商業、金融業のすべてが重要であったわけではない。

ウォーラーステインの最大の問題点は、産業資本主義の理論によって近世から現代までを一貫した歴史として叙述しようとしたことにある。どの産業部門が重要かは、時代と地域によって変わる。一律に決めることは不可能だからである。

また、ヨーロッパの国々は自分たちの船で世界に拡大していったことにも注目すべきであろう。まず海運業の発展があり、その後に世界各地に自国製商品を大量に販売したことが重要である。このような視点の欠如こそ、ウォーラーステインが、現在のところアジアを世界経済に含めることに失敗している最大の理由となろう。

第三巻「資本主義的世界経済」の再拡大 一七三〇年代～一八四〇年代

第三巻で扱われている時代は、一七三〇年代～一八四〇年代である。ウォーラーステインは、この時代にイギリスがフランスに対して大差をつけた理由を、ブルジョワ革命と産業革命という用語を使わずに説明する。彼の説明では、英仏の抗争は一七六三年にひとまず決着がつき、最終的には一八一五年にイギリスの勝利に終わり、イギリスはオランダに取って代わり、新たなヘゲモニー国家となる。

さらにこの時代に、インド亜大陸、オスマン帝国、ロシア、西アフリカが、主として商品連鎖により近代世界システムに組み込まれ、これらの地域の工業は衰退したとする。そして資本主義的システムの政治構造であるインタ－ステイト・システムに組み込まれていくという。しかも南北アメリカ諸国は、それぞれの宗主国からの独立を果たし、この地域もインターステイト・システムのメンバーになると主張する。

この主張には一理あり、楽しく読めた。何よりも、このころになってようやくアジアがヨーロッパ経済に飲み込まれるという視点は、たしかに肯首できる。

しかしこの時代は同時に、イギリスで産業革命が発生した時代でもある。ウォーラーステインはこの巻で、産業革命発生の理由を明らかにしてはいない。それはおそらく、資本主義システムは産業革命以前から存在していたという理由からであろう。だが、産業革命発生の原因を論じないということは、第三巻の価値を大きく下げると言われても、反論できまい。さらに、ヨーロッパ各国の西半球との関係に力点を置いているにもかかわらず、大西洋経済を成り立たせていた国家を越えた商人のネットワークを軽んじているのも、問題点であろう。

第四巻　中道自由主義の勝利　一七八九～一九一四

第四巻の叙述の対象となるのは、「長い一九世紀」である。一八一五年に英仏の政治対立が終焉すると、両国は中道自由主義国家になった。このような国家を維持したのは、強力な市場、強力な国家と強力なインターステイト・システムであった。そして「自由」という概念のもとに、社会主義の台頭がみられ、さらに労働者階級が台頭した。また、フェミニズム運動も活発になった。その一方で人種が大きな問題になると、人種の階梯という概念が広まった。さらに中道的自由主義という時代状況のもと、こんにちのさまざまな科学（自然・人文・社会諸科学）の原型が成立した。

第四巻は、それ自体としては大変面白い。近代世界システムを正当化したイデオロギーは何かということを提示しているからである。しかし本来なら、アジアがどのようにして近代世界システムに組み入れられたのかが書かれるべきではなかったか、とも思うのである。

そもそも、ウォーラーステインの意図は、近世にはじまり現代に至る資本主義の歴史を書くことにあった。それを全四巻で扱い、近代世界システムが世界を覆い尽くす過程が描かれるはずであった。それが、このような終わり方をして、アジア全体の包摂は第五巻に期待するほかないというのは、尻切れとんぼの印象を拭えない。

また、もしウォーラーステインが産業資本主義の理論を近世に当てはめず、経済成長の担い手である商人の活動に関心をもち、その商人を利用した国家の力が強くなっていく過程こそ近代世界システムの特徴であるととらえたなら、ヨーロッパがアジアに進出する過程が描けたであろう。この点については、玉木俊明『近代ヨーロッパの形成――商人と国家の近代世界システム』(創元社、二〇一二年)、玉木俊明『海洋帝国興隆史――ヨーロッパ・海・近代世界システム』(講談社選書メチエ、二〇一四年を参照)。

とはいうものの、信じられないほど大量の文献を読み、それを咀嚼・吸収し、一つの世界像を築き上げようとしたウォーラーステインの努力には、敬意を払わずにはいられない。ここでは批判的なコメントが目立ったが、その背景には、このような努力への賞賛があることを告白しておきたい。

近代世界システムとグローバル・ヒストリー

『近代世界システム』の原著の第三巻が出版された一九八九年には、グローバル・ヒストリーという言葉はまだなかった。近年、おそらく近代世界システムよりもずっと有名になったビッグヒストリーは、「グローバル・ヒストリー」である。

グローバル・ヒストリーの定義は曖昧であるが、一国史ではなく、広大な地域を扱い、しかも扱っている時代が長いことが大きな特徴である。とくに日本では、アジアのプレゼンスの大きさが強調される。世界のあちこちの大学で、「グローバル・ヒストリー」という講座が急速に増え、「グローバル・ヒストリー講座教授」ないし「グローバル経済史講座教授」という肩書きをもつ人びとの数が増加しつつある。私自身、外国の大学のグローバル・ヒストリーの講義を、少しではあるが、受け持ったことがある。

グローバル・ヒストリーと近代世界システムとの大きな差異は、後者と異なり、前者が、ヨーロッパはアジアやアフリカの人びとを犠牲にして経済成長をしたと考えていない点にあろう。グローバル・ヒストリー研究の代表的人物であるイギリス人のパトリック・オブライエンは、ウォーラーステインの論敵としても知られ、一九八二年に*Economic History Review*に掲載された「ヨーロッパの経済発展――周辺の寄与」という論文において、近世・近代のヨーロッパ経済の発展に対する植民地の寄与率は、せいぜい一五パーセントであり、ヨーロッパの経済発展に植民地が大きく寄与したとはいえず、ウォーラーステインの議論は誤りであるとした。「周辺とは、しょせん周辺にすぎない」とは、有名なフレーズである。オブライエンに代表されるように、ほとんどのグローバル・ヒストリアンは、欧米の経済成長により、アジアやアフリカが貧困化したとは考えない。

しかもオブライエンの議論は、ヨーロッパ経済に対する植民地の寄与という視点で貫かれている。これは、かなりのヨーロッパ中心史観と言われても仕方あるまい。植民地の側からみれば、ヨーロッパから収奪された歴史が書けるはずである。すなわち、ヨーロッパの工業化が、アジアやアフリカにとってどれほどの負の作用をもたらしたのかという研究こそ、グローバル・ヒストリーの研究としても大切ではないのかと思うのである。

また、グローバル・ヒストリーの研究者として有名なフリン（Dennis O. Flynn）とヒラルデス（Arturo Giráldez）は、一五七一年にフィリピンのマニラをスペインが占領し、銀の流通の拠点としたことをグローバリゼーションの嚆矢とした。メキシコのアカプルコからマニラまで、スペインのガレオン船が銀を運ぶようになったからである。

彼らは、ヨーロッパ人は膨大な銀貿易の中間商人（middleman）にすぎなかったという。ヨーロッパ人は、新世界とアジアを結ぶ媒介でしかなく、主役はあくまでアジアだったというのである。

しかし、このような見方は、ヨーロッパ人のアジアにおけるプレゼンスを過小評価している。説明は、アカプルコからマニラを経由したスペイン人の船による銀輸送がなければ、経済を維持することができなかったのである。これは、ヨーロッパ人の対外進出の一形態であった。ポルトガル商人はアジアの海で、グジャラート商人、ジャワ商人らと競争したのである。それに対し、アジアの商人がヨーロッパの海で活躍したことは一度もない。

このように、グローバル・ヒストリアンは、ヨーロッパが海を通じてアジアに進出した重要性を過小評価している。ただしその点は、近代世界システムの弱点でもある。

グローバル・ヒストリーでは、川北稔がいうように、現代世界をどのようにとらえるのかが示されていない。さらに私は、現代社会の課題である「支配＝従属関係」を論じていない点に大きな問題があると考える。アジアやアフリカの貧困は――その程度には多様な意見があろうが――ヨーロッパの対外進出によってもたらされたとしなければ、現代社会におけるこれらの地域の相対的貧困の説明がつかない。現代社会形成の説明には、近代世界システム論のほうがすぐれているといってよかろう。

近代世界システムからみた現代世界

近代世界システムの理論をもとにすれば、現代社会はどのように分析できるのであろうか。最後に、この点に関する私見を述べたい。

世界が一体化すればするほど、企業が、より生産コストの低い地域を求めて工場を建設しようとするのは当然である。

中国や東南アジア、さらにはインドで工場が建設されているのは、それが大きな理由である。現在、先進国だけではなく発展途上国でも工場が建設されるのは、グローバリゼーションが本格的に進んだ結果、賃金を削るという形態による競争がはじまったからだといえよう。賃金それ自体、一つの商品だからである。

発展途上国の工場で働く労働者の賃金は、当然先進国の工場労働者よりもずっと低い。その一方で、そのような低い賃金は、先進国の労働者の賃金を抑制するように機能する。つまり、現在では、世界のあらゆる場所で賃金が上がらない世界が出現しようとしているのだ。

グローバリゼーションは、一九世紀にもおこっていた。この時代に世界経済が一体化した主な要因は、貿易と大量の移民にあったとされる。ようするに開放経済が、世界の一体化の原因であり、一八七三〜一九一四年にかけて世界の一体化が進むにしたがい、世界中で実質賃金の差が大きく縮小した。

この時代に世界経済が一体化したのは、この時代の世界経済をリードしていたイギリスが、自由主義経済体制をとったためである。イギリスが世界経済の支配者となり、さまざまな商品が主としてイギリス船で世界中に運ばれ、取引されることになった。また、蒸気船や鉄道の発達により、輸送コストが著しく下がったことも大きい。労働者が、世界を容易に移動することができるようになったのである。ここからも、ヨーロッパの世界進出における海の役割の重要性がわかろうというものである。

さらに、資本のフローも増加し、貧しい国に対して巨額の投資がなされた。その理由は、もし生産関数（企業や経済全体がどれだけの資源・原材料を投入したなら、どれだけの生産を行えるかを表した数式）がどこでも同じであり、資本と労働だけが生産に投入されるなら、投下資本の収益率は、豊かな国よりも貧しい国のほうが高くなるからだ。

このような状況が、こんにちの社会でも発生している。中国や東南アジア、インドへの投資が増加している理由も、このような観点から説明できよう。

しかもこんにちの世界では、ごく一部の企業のトップを除くなら、賃金を上昇させる誘因はない。単純に言うと、企業では、ごく一部のトップの賃金だけが上昇し、通常の労働者の賃金は上がらないシステムが形成されつつある。

経済学には「未開拓の土地（ghost acreage）」という用語がある。まだ開拓していない地域があれば、経済は成長できるというわけである。しかし現代は未開拓な土地などない。これは、新たなマーケットを求め続けてきた近代世界システムの終焉を意味するものだと思われる。近代世界システムとは、絶えず成長し続けるシステムである。「未開拓の土地」がなければ、このシステムは成り立たない。しかし、それがもはやなくなっているのである。

このような世界の出現は、近代世界システムが世界を覆いつくした結果であり、「未開拓の土地」がなくなり、持続的経済成長という神話が崩壊しつつあることの証明であろう。

近代世界システムの終焉

近代的な経済を表す言葉として「持続的経済成長」というものがある。われわれは、それが当たり前だと思って生きてきた。現在も、なおそういう考えに取り憑かれている。しかし持続的経済成長には、人口が絶えず増加し、人口ピラミッドが美しい三角形をなしているという前提があったことを忘れてはならない。こんにち、どの先進国でも高齢化が進み、持続的経済成長の前提条件はすでに崩れ去った。持続的経済成長とは、近代経済学が生み出したフィクションにすぎない。

飽くなき利潤追求が可能であった時代は、もう終わりつつある。近代世界システムは、終焉を迎えつつある。だが悲しいことに、現代社会の人びとは「未開拓の土地」がなくなったという事実に気づかず、現在もなお、飽くなき利潤追求がはびこっている。ケインズが喝破したように、社会にとって危険なのは既得権益であるが、いわば既得権益といえる飽くなき利潤追求を人びとはやめないどころか、ますます強くしている。

具体例を挙げよう。現代社会においては、会社は株主の所有物だと言われる。会社は株主の「所有物」であり、その反面、そこで働く人びとの幸福は考えない。これこそウォーラーステインのいう「飽くなき利潤追求」の象徴である。株主資本主義の首唱者たちは、従業員の賃金にはほとんど関心を示さない。これは、じつに無責任な話である。

株主は、四半期ごとの短期的利益を求める。労働者を育てるのではなく、会社の短期的利益の上昇に専念する。そのため経営者は、リスクを冒してでも短期的な利益をあげようとする。アメリカ発のサブプライムローン問題も、そしてリーマンショックも、本質的にはこのような資本主義の申し子といえるだろう。

もし経営者が短期的な利益しか求めないなら、今後もこのようなことは頻繁に発生するに違いない。経営者は、短期的に利益を出し、いざとなれば会社を売って儲ければ良い。最終的には、儲からない会社を買った経営者と、そこで働く従業員が大きな損害を被るなどとは考える必要はない。それが、飽くなき利潤追求の結果である。

こういう傾向は、世界のあちこちでみられる。韓国のサムスンは、世界を代表する家電メーカーであるが、その部品には日本製品が多い。サムスンの仕事は、さまざまな部品のアッセンブリーをしているにすぎない。サムスンは、良い部品を世界のどこかから調達すれば良いという考え方をもっているだけでなく、優秀な技術者をヘッドハンティングすれば済むものだとして経営を行っている。自分たちで育てる義務はないと考えている。それはサムスンだけではなく、現在の世界の多くの企業にあてはまる傾向だと思われる。

だが、もしすべての会社がそうなってしまったなら、工業製品そのものがこの世界から消滅してしまう。工業製品を生産する人びとを育成しなければならないという思想が欠如しているからである。近代世界システムは、世界を、あまりに危険な状態に追いやっているのである。工業製品だけではなく、人材そのものが育たない社会が生まれても不思議ではない。

「未開拓の土地」とは、今までなら労働者が手にしていた賃金を意味するようになっているのではないか。現在、世界中で富める人びとと貧しい人びとの格差が拡大している。それは、近代世界システムが、新しい利潤の源泉を、本来ならば労働者の手に入るはずの賃金に見いだしているからにほかならないのではないか。

近代世界システムは、明日は今日より良い日であり、賃金は長期的には必ず上昇し、生活水準は必ず上昇するということを前提とした社会である。しかしその前提が正しいという根拠は、じつはどこにもない。われわれは、なぜかそういうフィクションを信じてしまっている。

現代世界が抱える深刻な経済問題は、近代世界システムの議論を用いれば、このように説明可能である。これこそ、近代世界システムの理論が、グローバル・ヒストリーのそれよりすぐれていることの証明になる。

現代を見る眼を提示しているのは、近代世界システムであって、グローバル・ヒストリーではない。

第Ⅱ部　歴史と歴史家の役割

第9章　プロト工業化とは何だったのか

全体を見る目とプロト工業化

工業化以前に工業化があった

「工業化以前の工業化」として、一九七〇年代から八〇年代にかけ、プロト工業化論は世界的に流行した。

この概念を最初に提起したのは、周知のようにアメリカの経済史家メンデルス（Franklin Mendels）であった。ただし、一九六九年にウィスコンシン大学に提出した博士論文のタイトルは、「一八世紀フランドルの工業化と人口圧」であり、タイトルには「プロト工業化」という言葉は使われていない。

明確な形で「プロト工業化」という用語が使われたのは、一九七二年のことである。すなわち、*Journal of Economic History* に掲載された「プロト工業化――工業化家庭の第一局面」（のちに、篠塚信義・石坂昭雄・安元稔編訳『西欧近代と農村工業』北海道大学図書刊行会、一九九一年に所収）が出されたときのことであった。これ以降、「プロト工業化」という用語は、経済史家のみならず、歴史家一般のあいだにまで浸透するようになった。

一九八二年に開催された国際経済史学会では、メンデルスはP・デーヨンとともに、プロト工業化に関するセッションをオーガナイズした。

このように急速な研究の進展がみられたプロト工業化について、ここではまず日本の代表的なプロト工業化研究者である斎藤修の『プロト工業化の時代』（岩波現代文庫、二〇一三年）に従ってみていきたい。

斎藤によれば、プロト工業化とは、次の三つの特質が結合した歴史現象として定義される。

(イ) 域内市場向工業生産――それは、自給自足的な経済活動ではもはやなく、またたんに地域内の市場のための生産でもない、域外の、とりわけ地域国際貿易市場に向かって行われる生産活動である。

(ロ) 農村立地――その生産活動は、農村において小農（ペザント）によって営まれる家内手工業である。多くの場合（しかしつねにというわけではない）それは、都市の問屋商人によって組織される、問屋制家内工業の形態をとった。それゆえ、第二局面への移行は、工場制工業への転換として特徴づけられることになる。

(ハ) 同一地方経済内における商業的農業地域の内包――この現象は通常、一方では農村工業、他方では生産性の高い大規模な主穀生産へと特化する、二つの地域間における分業というかたちで進展する。（『プロト工業化の時代』四五〜四六頁）

プロト工業化では、このような一般モデルが前提とされる。プロト工業化は、地域的な（regional）現象であり、農村工業で繊維工業が発展することが特徴である。

ではつぎに、斎藤の論に依拠しながら、このモデルについてやや詳しく見ていきたい。

穀物生産と工業の発展

農村工業が広まっていくのは、穀物生産に向かない地域であった。プロト工業化における特徴の一つは、穀物を生産する地域と、農村工業が発展する地域とに分離することにある。これは、地域間分業が進んだと言い換えることもできる。その大きな理由として、人口増加があると、農作物の生産に適していない土地では、プロト工業化が進むということがあった。たとえば、軽砂土質で瘦せた土地のフランドルの内陸部では、リネン生産が増加した。メンデルスはフランドルのプロト工業化を基盤として、この論をさらに進展させることになった。

農業地帯が、穀作地域と工業地域に分離することは、メンデルス以前から知られていた。たとえばイギリス史家ジョーン・サースク（Irene Joan Thirsk, 1922-2013）は、イングランドにおいてローランドとハイランドで、明確な農工間分業が進展していたことを示している。その際の重要点は、工業活動がハイランドに定着したという面ではなく、ローランドにおける穀作農業の生産が拡大し、特化が進行するという面にあった。

斎藤は、メンデルスらはこのような農業発展が、資本主義的な大農経営の成立をうながしたと主張しているが、その考え方がどこまでの現実妥当性をもつかはまた別問題だとして、メンデルスらの意見にはくみしない。そして斎藤は、一八世紀から一九世紀にかけて、西欧全体で主穀生産が増大したことは事実ではあるが、それが資本主義的な大規模農業を発展させたという仮説は、かぎられた地域にしか当てはまらないと言う。

農村工業の成長が地域社会に及ぼした影響としてまず観察されるのは、高い人口成長率である。通常、隣接する穀作農業地帯よりも貧しく、その結果、豊かな平地の農村よりも貧しい山間・丘陵の農村のほうが、人口密度が高くなった。

耕作地が拡大する可能性がかぎられている地域で人口が増大すれば、農民は貧しくなる。さらに零細化の程度が上層農民と下層農民とで同じだとは考えられないので、必然的に不充分な土地しかもたない農民層を拡大させることになった。

プロト工業化論はまた、結婚と農村工業の発展のあいだに観察される非対称的な関係、すなわち農村工業が拡大すれば、結婚数は増加するが、その拡大が停止しても（あるいは縮小しても）、結婚数は減少しないという関係にあった。

斎藤の考えでは、就業機会の結婚性向への効果が、賃金率のそれとは別に認められ、しかも前者の効果が後者のそれよりも大きいかぎり、農村工業の発展が実質賃金水準の上昇（したがって生活水準の改善）を伴わずに、農村部における人口成長を引き起こした可能性はある。そのような状況は、それまでに市場経済の浸透が比較的遅れており、それゆえ家内手工業の登場が衝撃的な効果をもつような農村地域において観察される蓋然性が高いのではないかと、主張する。

プロト工業化論の現在

プロト工業化論については、かつての勢いはかなり衰えた。現在では、プロト工業化とは、ヨーロッパでみられた亜麻・麻・リネンなどの繊維産業の発達を意味し、それが直接工業化につながったとは、考えられてはいないようである。

斎藤自身、それが過去の学説となってしまったとはっきりと認めている（『プロト工業化の時代』三一六頁）。最初に産業革命を成し遂げたイギリスにおいても、メンデルス自身の実証的な根拠地であったフランドルにおいても、彼のモデルは妥当していないと述べている。メンデルスのプロト工業化論は、目の付け所は悪くなかったが、モデルの定式化としては失敗作であったという。

斎藤の説の紹介はこのくらいにして、つぎに私自身の見解を述べたい。

おそらく決定的な問題点は、プロト工業化から工業化へと直接つながるということが証明できなかった点にある。

私はかつて、イギリスの産業革命に関して一論を書いたときに「産業革命はイギリスの綿織物工業からはじまった」という趣旨のことを述べた。しかしそれに対して、ある経営史家から「経済史では、工場制生産が重要だとされているので、綿織物工業からはじまったというと、批判されるのではないですかね」と言われたことがあった。

正直、この指摘にはあきれた。「綿織物から産業革命がはじまったのは事実であるし、工場制というと、どんな製品でも当時の世界市場で売れたと思っているのか」と感じたからである。あまりに生産方法・形態に偏った暴論だと思えたのである。

産業革命は綿織物工業からはじまったのであり、一八世紀後半以降の多くの国の工業化における綿織物の重要性を無視することはできない。毛織物と違って何度も洗え、暑い土地でも極寒の地でも着ることができる衣類だからこそ、世界商品となったのである。

綿織物は、もともとインドから輸入されていた。とくにインド製の手織りの綿織物であるキャラコは、安価で肌触りが良かったので、多くのヨーロッパ人がそれを欲した。イギリスは大西洋で三角貿易を完成させ、西アフリカから奴隷を新世界の植民地に送り、綿花を栽培させ、それを本国の工場で動力を用いて綿織物という完成品にして、世界市場で販売するという形態をとった。イギリスの綿織物は、インド綿の輸入代替品であった。プロト工業化で代表的だった亜麻・麻・リネンの生産から、直接、綿織物生産へと移行するということはなかったのである。

たしかに、プロト工業化地域から工業化地域へと転換した場合もあったかもしれない。しかし、そもそもイギリスのランカシャーで産業革命がおこり、そのランカシャーは少なくとも代表的な農村工業地帯ではなかったことがきわめて重要である。ランカシャーの綿織物生産を真似ることができたから、他にも工業化する地域が出現したのである。プロト工業化から工業化へと直接転換した地域でも、ランカシャーの工業化があったからこそ、工業化できたということが考えられよう。

また、さまざまな地域を比較するなら、同時代での比較にしなければならない。メンデルスらが行った比較史には、この点で大きな問題があると指摘せざるをえない。比較の方法が、あまりにナイーヴであった。これは、欧米人にはしばしばみられることでもある。

いわゆるプロト工業化はなぜ起こったのだろうか。それには、どういう意味があったのか。次に、私自身の見方を述べたい。

ヨーロッパの人口増

プロト工業化論では、人口圧が大きな鍵を握る概念である。この人口圧の増加は、単に地域的なものではなく、ヨーロッパ全体に及んだ。

一六世紀から一七世紀中頃にかけ、ヨーロッパ全土で人口が大きく増大したために、食糧不足が蔓延したことは、こんにちではほぼ通説となっている。

そのため、食糧価格が上昇することになった。ヨーロッパの小麦価格は、一六世紀に突入する頃から上昇しはじめ、金に換算した場合、一六〇〇年頃に頂点に達した。

食糧不足の深刻度は地域によって異なっていたものの、正確な偏差を知ることは不可能である。それでも、北大西洋諸国と比べると、地中海諸国のほうが深刻な食糧不足に陥っていたことは間違いない。オスマン帝国も含めて、地中海地域は元来食糧の自給自足が可能であったが、一六世紀末にはそれが不可能になったことからも、それは納得できよう。さらにイタリアのリヴォルノでは、一五七〇年頃から北欧（おそらくポーランド）小麦の輸入がおこなわれるようになる。しかも、そこで使われていたのは、オランダ船であった。こうした現象は単に一時的な食糧不足ではなく、地中海地方における慢性的食糧不足を意味した。

この点に関して、デンマークの歴史家クリストフ・グラマン（Kristof Glamann, 1923-2013）はいう。「一六世紀後半、地中海地方は、必需品のある部分について、ますます外部に依存するようになっていった。この時期においては、西地中海の穀物情況は悪化していった。飢饉と飢えが地中海諸都市を襲った」（K. Glamman, European Trade, 1500-1700, in Cipolla, Carlo M. ed., *Fontana Economic History of Europe*, Glasgow, 1970, p.16.）。

このような状況にあって、非常に重要な地位を占めだしたのがバルト海地方であった。一六世紀後半から一七世紀前半にかけてバルト海地方の経済的中心であったポーランドは、ヨーロッパ随一の穀倉地帯であった。そのポーランドから、穀物がまずアムステルダムへとオランダ船で輸出され、そこからヨーロッパ中に輸送された。

したがって、ヨーロッパにおいては、以前なら近隣地方から穀物を出していた地域が、バルト海地方から穀物を輸入するようになってきたと推測することができる。たとえばオランダでは、ドイツやフランスではなく、バルト海地方からの穀物輸入量が増加した。

プロト工業化論の重要な理論的支柱は、これにより崩れるのではないか。人口圧の問題は、地域内部での穀物生産の増大ではなく、国際的な貿易の拡大によって解決された。メンデルスらは、個々の地域の比較を重視するあまり、かえってヨーロッパの全体を見る目をもたなかったと考えられよう。

大航海時代の影響

ついで、もっと重要な亜麻・朝・リネンの生産増大の理由についてみていこう。

大航海時代において、西欧諸国は、海運資材をバルト海地方やノルウェーなどの北海沿岸から輸入することを余儀なくされた。そのため、バルト海地方の貿易収支は、西欧側の赤字になっていった。ポーランドの貿易収支が黒字だったのは穀物を輸出したことが大きかったが、バルト海に面するその他の地域は、むしろ海運資材の輸出によって貿易収支が黒字であった。これにより、バルト海地方に住む人びとの可処分所得は上昇したと推測される。

プロト工業化において生産された主要な産品として、亜麻・麻・リネンなどがある。これらは、ロープやマストなどに使われる海運資材であった。さらにリネンは、奴隷が着る服にも使用された。

ここから、プロト工業化と大航海時代が大きく関係していたことが示されよう。

バルト海貿易で活躍した港湾都市に目を転じると、ドヴィナ川に沿いにあるリーガは、亜麻と麻の輸出港として知られた。この二つの製品は、ドヴィナ川に沿った地域で栽培された。ドヴィナ川の後背地は非常に広大であり、リーガは川を使うことで広大な地域と経済関係を保つことができた。

またドイツ人の歴史家であるクラウス・ヴェーバー（Klaus Weber, 1960-）によれば、シュレジェンの繊維製品であるリネンは、ハンブルクに輸送され、アフリカ人奴隷がそれを着た。彼らは大西洋貿易で西アフリカからアフリカに送られるときに、リネン製の服を着たのである。

バルト海地方から輸出される海運資材やリネンがなかったとすれば、大航海時代、とりわけ一八世紀の大西洋貿易拡大を西欧が実現することはできなかったであろう。

スウェーデンの場合、プロト工業化で重要な製品は鉄であった。スウェーデン語でbrükと呼ばれる製鉄集落（英語では通常iron-worksと訳されるが、単なる製鉄所ではない。それは一つの集落であり、住居はむろん、場合によっては学校や病院までも含む。したがって、集落としての機能をもつ）では、多くの農民が働いていた。

スウェーデン鉄はイギリスやフランス、さらにはポルトガルに売られた。その一部は、船舶用の釘や錨として使用された。スウェーデンの農民は、バルト海地方の他地域の農民と同じく、大航海時代の世界経済と結びついていたのである。そして明確な証拠はないものの、スウェーデンでも可処分所得が上昇したと考えられる。

ストックホルム近郊にメーラレン湖という湖がある。この湖は、ヴァイキング時代以前から、港湾都市ストックホルムを支える海運力であった。近世においては、メーラレン湖北方の後背地が、森林資源のほかに、鉱物資源である鉄と銅をバリースラーゲン（Bergslagen）と呼ばれる中央鉱山地帯から供給し、さらにそれは、ストックホルムから西欧に輸出されたのである

右に述べたことは、じつはウォーラーステインの説に対する重要な反論になる。

ウォーラーステインによれば、バルト海地方は、西欧に第一次産品を供給する周辺ないし半周辺の地域であった。工業製品と原材料輸出地域という国際分業体制を重視するウォーラーステインであれば、このような発想は当然のことといえる。しかし、ウォーラーステインは具体的に貿易収支を算出したうえで、バルト海地方が西欧に従属したとは論じていないため、実証性に乏しいといわざるをえない。

北方ヨーロッパにおける川のネットワーク

北方ヨーロッパは、地中海地域と異なり、大きな川がいくつもあった。川の長さを比較するなら、ハンブルクが位置するエルベ川の長さが一一二三キロメートルであるのに対し、イタリアを流れるポー川の長さは六五〇キロメートルである。

北海とバルト海の後背地の広さを考えれば、北方ヨーロッパにおいては、海と川との結びつきが、地中海地域よりもはるかに強かったことがわかる。

たとえばダンツィヒはヴィスワ川、シュテッティンはオーデル川、サンクト・ペテルブルクはネヴァ川、リーガはすでに述べたようにドヴィナ川沿いに位置する港湾都市である。これらの都市から、川をたどって、亜麻、麻、リネンなどの海運資材が輸送された。

ウォーラーステインの近代世界システムによれば、周辺や半周辺と位置づけられたこれらの地域

から輸出される海運資材は、これらの地域で生活する労働者の可処分所得を増大させたと推定できる。だが残念ながら、現時点ではあくまで推定にすぎず、具体的な数値の算出は今後の研究を待たなければならない。（ただし、残存しているデータを考えると、それは難しい作業のように思える）。

とはいえ、それを推測させるデータもある（表9―1バルト海地方の主要貿易港の植民地物産輸入量を参照）。

ここに書かれている植民地物産とは、おそらく砂糖がもっとも多く、ついでコーヒーとなる。砂糖に代表される植民地物産が、これらの川を下り、後背地に輸送された。

貿易港によって後背地の大きさは異なる。サンクト・ペテルブルクの場合、ネヴァ川があるとはいえ、その後背地が非常に広かったとは考えられず、植民地物産は、同市ないしせいぜいモスクワで食されただけだったろう。スウェーデン（ストックホルム）については、この首都の消費量がもっとも多かったであろうが、メーラレン湖を中心とする水路を使い、スウェーデンのバルト海沿岸部

表9-1　バルト海地方の主要貿易港の植民地物産輸入量　（単位：重量ポンド）

年　度	ダンツィヒ	スウェーデン	シュテッティン	サンクト・ペテルブルク	リーガ
1701-10	14,201,961	2,749,219	92,676	0	1,427,287
1711-20	29,669,704	12,001,932	251,305	1,170,070	2,567,588
1721-30	46,263,537	25,709,187	2,515,918	8,556,402	5,084,161
1731-40	22,268,740	21,062,459	2,203,880	15,068,467	2,516,203
1741-50	45,032,275	47,670,376	5,633,509	28,911,517	4,005,571
1751-60	71,695,483	69,113,422	27,412,922	50,184,048	5,213,505
1761-70	109,636,076	92,656,229	95,571,365	82,483,425	6,879,054

出典：Nina Ellinger Bang and Knud Korst (eds.), *Tabeller over Skibsfart og Varetransport gennem resund 1661-1783 og gennem Storebælt 1701-1748*, 4 Vols., Copenhagen and Leipzig 1930-1953.

に輸送された可能性がある。

ここにはあがっていないが、北海に面するハンブルクも合わせるなら、新世界から送られた植民地物産が、バルト海ないし北海沿岸から河川さらには陸路を伝ってヨーロッパ大陸内部に輸送され、しかも、そのうちフランス領西インド諸島から輸送される量がもっとも多かったと考えられる。たとえば砂糖は、フランス領サン・ドマング（現在のハイチ）からボルドーに送られ、さらにハンブルクに輸送されて製糖所で完成品となり、ヨーロッパのあちこちに輸送されたのである。

このように、砂糖に代表される植民地物産がバルト海地方の諸地域に送られたのは、これらの地域の貿易収支が海運資材の輸出によって黒字になり、そのため植民地物産を輸入するための剰余が生まれたからだと考えられるのである。この図式は、たとえ非合法貿易が多くなっても変わらない。もし余剰が生まれなければ人びとの購買力は上昇せず、密輸といえども、植民地物産を購入することは不可能であったからである。

ここで述べたことはまだまだ荒っぽいスケッチにすぎないが、プロト工業化はこのような結果をヨーロッパ経済にもたらしたと、私は推測している。

近世のヨーロッパ経済の多くが、ヨーロッパの対外的拡張と結びついていた。すでに随分前から、そして比較的最近ではポメランツの『大分岐』によって、大西洋貿易の拡大という観点から主張されていることである。プロト工業化論にはこのような視点がなく、グローバル経済の変化に応じてプロト工業化が生じたということを論じていないのが、問題であろう。

プロト工業化と工業化の関係

メンデルスらの主張とは異なり、プロト工業化が工業化の第一局面で、イギリスの産業革命が第二局面だという見方は、もはや否定されている。プロト工業化は、イギリスの産業革命（工業化）を生み出しはしなかった。それが、現在の経済史学界のコンセンサスであろう。

とはいえ、ここに述べたように、プロト工業化とのちの「工業化」には直接的なつながりはないが、間接的な意味では関連していた。

つまり、プロト工業化がなければ、大西洋経済の形成はなく、大西洋経済が形成されなければ、イギリス産業革命は発生しなかった。こういった意味で、プロト工業化は工業化の第一局面を形成したのである。

メンデルス以降、プロト工業化の研究が進み、問屋制手工業に分類可能な経済現象が世界のあちこちで発生したことがわかってきた。だからこそなおさら、なぜヨーロッパで、とりわけイギリスで世界最初の工業化（産業革命）が生じたのかという問いに対して、ますます回答が出しにくくなっているように思われる。

しかし、もし私の提示した仮説が正しかったとすれば、回答を出すことは不可能ではない。すなわち、ヨーロッパの農村工業の発展は、ヨーロッパの対外的進出と大きく結びついており、ヨーロッパ経済が拡大すればするほど発展することができた。

ヨーロッパの工業化（産業革命）には大西洋経済の形成が不可欠だったのであり、ヨーロッパが大西洋に進出しなかったならば、他地域に先んじてヨーロッパで工業化がはじまることはなかった。他の地域の農村工業の発展には、このようなダイナミズムがなかった。この点の相違は、無視できないほど大きい。

　したがって、たとえば江戸時代から明治時代にかけての日本と近世のヨーロッパの農村工業の発展を比較することは、不可能だといえよう。ヨーロッパの農村工業の発展は、ヨーロッパの対外進出によって可能となったとしよう。しかし、日本の対外進出は江戸時代にはなく、明治期においても、ヨーロッパよりははるかに小規模であった。マクロ経済的な状況が決定的に違っているのである。

　こういう状況を考慮に入れず、ヨーロッパのある地域と日本のある地域を比較するとすれば、決定的に重要な与件を見落とすことになる。私の仮説が正しくなかったとしても、この問題点は見逃されるべきではない。

　グローバル・ヒストリーとは、文字通りグローバルな観点から歴史をみるからこそ、その名に値する。大きな歴史状況の差異を無視して、自分の研究に都合が良いデータだけを出して比較することは、グローバル・ヒストリーとしてだけではなく、歴史の見方としても、大きな問題点があると言わざるを得ない。

第10章　日本語で書くということ

英語の時代に日本語で書くことの意義

日本語で書くことに意味があるのか

同名の書物が、水村美苗によって書かれている（『日本語で書くということ』筑摩書房、二〇〇九年）。英語だけが世界語 the world language になった時代において、日本語で出版するということの意義がどこにあるのかということを論じた書物である。

果たして、日本語で西洋史の論文や書物を書くことに意味があるのだろうか。自然科学では、英語のみが世界語になって久しい。英語で書かれてない論文など、国際的評価には値しない。理論経済学も、そのような傾向にある。

歴史学においても、その傾向が強くなっていることは疑えない。私の専門である経済史においては、国際的にもっとも評価の高い *Economic History Review* に、日本人が英語で日本経済史ないし経営史の論文を発表するようになっている。

私のごときふつうの西洋史研究者でさえ、英語で論文を書き、英語で口頭発表することが急速に増えている。

私が大学院に入った一九八七年には、そもそも英語で論文を書くということなど考えられなかった。そんなことは、一部の優秀な研究者のみができることであって、もし自分にそういうことがあるとすれば、就職ができたら、さらに留学できたら、その成果を一度くらい紀要に書くチャンスが出てきたときかもしれない、などと漠然と考えていた。院生時代に留学している人はまだ多くはなかった。少なくとも現在と違い、当たり前のことではなかった。

まだ当時は英語以外の言語にも力があり、フランスの *Annales*、ドイツの *Vierteljahrschrift für Sozial-und Wirtschaftgeschichte* も、*Economic History Review* と同程度の雑誌だと思っていた。いや、少なくとも私が大学院に入学する少し前までは、*Annales* の影響力はこんにちとは比べものにならないほど大きく、世界でもっとも影響力のある歴史雑誌だったといっても過言ではない。フランス語やドイツ語にも、まだまだ力があった。

しかし、いつの間にか英語万能の世の中になり、国際学会からはフランス語さえ排除されていった。というか、私はフランス語の発表があった時代を直接には知らない。

昔は国際学会ではあまりいなかった日本人の発表数は飛躍的に増え、二〇一五年に京都で開催された世界経済史学会では、四〇を超えるセッションで日本人がオーガナイザーとなった。私がはじめてこの学会でセッションオーガナイザーを務めた二〇〇九年にはたった数名ではなかったかと記憶している。

今では欧米の大学で学位をとることが当たり前になったばかりか、外国の出版社から博士論文を出版する人も珍しくなく、日本人研究者が英語、ドイツ語、フランス語で書いた博士論文を本にしたものを、本人から直接もらったことがある。

イギリスの大学で学位を取り、イギリスの大学でイギリス史を講ずる人さえ出ている。私のような older generation には、全く信じられないような時代となってしまった気がする。

私は、日本の西洋史とは、日本語で日本人のために発表し、文章を書く学問だと教えられていたし、その通りだと思っていた。私の恩師の一人である望田幸男は、一九七〇年代中頃、四〇代半ばで初めてドイツに留学し（このような遅い年齢で留学することが、昔はあったのだ）、次のようなことを言われたそうだ。「君からドイツ史のことを学ぼうとは思わない。学びたいのは、日本史のことだ」。

私は、望田自身からこのことを何度か聞いた。しかし現在では、自分が研究する国や地域に関して、現地の人に対して貢献できるような発表を（現地語ではなく）英語でしなければ、研究者として生き残れなくなりつつある。現在の大学院生は、もちろんそのことを意識しているはずである。

そのような時代に、日本語で西洋史の論文や本を書き、口頭発表することに、どのような意味があるのだろうか。日本人のための西洋史は、存在することができるのだろうか。

ここでは、その問題について考えてみたい。

ヨーロッパとの比較

ヨーロッパには、イギリスやドイツ、フランスなどの大国のほかに、スカンディナヴィアやオランダなどの小国がある。歴史学の博士論文は、母語で書くことがふつうだが、小国では、だんだん英語で書く傾向が強くなっている。まず、オランダの事例を挙げよう。

私の友人であり、オランダ財政史の研究者として名高いマーヨレイン・タールト（Marjolein 't Hart, 1955-）は、一九九三年に上梓した博士論文『ブルジョワ国家の興隆』を英語で書いた。ただしこの頃のオランダでは英語での博士論文はまだ一般的ではなく、彼女の指導教授はそれを勧めなかったという。しかし、二〇一五年に出版された彼女の教え子の博士論文は英語で書かれた。現在のオランダでは、経済史の博士論文は、英語で書くことが圧倒的に多い。

ネーデルランと卜南部から北部への一六世紀の移民に関する博士論文を二〇〇〇年に出版したオスカー・ヘルデルブロム（Oscar Gelderblom, 1971-）が、博士論文がオランダ語だったために国際的なデビューが遅れたと言っていたこともよく覚えている。彼の博士論文はオランダ国内ではかなりのインパクトがあり、私はそれを読んで知的に興奮した。

ヘルデルブロムの指導教授であり、世界でもっとも多産な経済史家のファン・ザンデン（Jan Luiten van Zanden, 1955-）は、当初はオランダ語の論文のほうが多かったが、最近ではほとんどの論文は英語である。

スウェーデン東インド会社の研究者で、リサ・ヘルマン（Lisa Hellman, 1984-）という人物がいる。彼女はほとんど英語でしか書いたことがない。スウェーデン東インド会社はスウェーデン国内においてもかなりマイナーな分野であり、読者がいないので、少しでも読者を増やそうとすると、英語で書かざるをえないらしい。

彼女の指導教授であるレオス・ミュラー（Leos Müller, 1962-）も、博士論文は英語で書いた。彼の主だった著作はほとんど英語であるが、その彼も、スウェーデン国内向けのものとなるとスウェーデン語で書く。

小国の歴史家は、より多くの読者を求めて、英語で書くことが増えている。いや、大国の歴史家でさえ、読者数を増やそうとすれば英語で書かざるをえないのが現状であり、むろん、日本人研究者もそういう傾向から免れることはできない。

ただし、ヨーロッパの場合、「自国の歴史を英語で発表する」のであり、「外国の歴史を英語で書く」ということは、それと比較するとずっと少ない。日本ほどに外国史を研究している人口が多い国はほかになく、また外国史の研究を母語で自国人向けに書く人びとが多い国はほかにあるまい。意外に思われるかもしれないが、ヨーロッパで外国史研究がもっとも盛んなのはイギリスである。しかし英語は母語であるとともに国際語なので、国内向けに書くことと、世界に発信することの差異は小さい。

日本には、一億二〇〇〇万人を超える膨大な人口がいて、知的水準は高く、読者のマーケットははなはだ大きい。出版不況が言われ、毎年前年割れの売り上げしか記録できない出版業界ではあるが、それでもなお、日本語のマーケットは日本の西洋史家にとって十分なほどに大きい。このマーケットが、日本の西洋史を経済的に支えているといってよい。

マーケットの大きさ以外に、日本人が日本語で西洋史の本を書く意義はどこにあるのであろうか。

英語から日本語への授業形態の変化——西洋史の誕生

母語で高等教育が受けられたことを、私はこの上なく幸福なことだったと思う。

現在もなお、発展途上国の多くの国々では、母語で高等教育を受けることができない。彼らが一般に日本人よりも英語ができるのは、英語を使う機会がずっと多いからである。

明治期の日本でも、当初、授業は英語でおこなわれた。英文学者として名高いラフカディオ・ハーンは、一八九六年に東京帝国大学講師になり、英文学を教えた。当然、英語で教えたわけである。一九〇三年にその後を継いだのは、夏目漱石であった。漱石は日本語で英文学を教えたから、ここに教育の断絶がみられた。

私には正確な知識はないが、おおむね一九世紀のあいだは、日本の高等教育は英語で行われたと考えてよいであろう。それ以降、日本人の学者の水準が上がり、母語である日本語で教育ができるようになった。そして、この頃から日本人の英語力は低下していった。新渡戸稲造のように、すぐれた英語で著作を出す日本人は、急速に姿を消していった。

もし英語を教育言語としてずっと使っていたとしたら、少なくとも日本のインテリ層は、もっと英語ができたであろう。日本語を使わずして、英語だけで大学の過程が終わるコースをつくることなど、簡単だったかもしれない。だが、日本はその道を歩まず、日本語だけで高等教育をする道を選んだ。考えてみれば、これは驚異的なことである。欧米以外でそのような国は大変少ない。これこそが先進国の仲間入りを意味した。

だが、そのために、明治時代に英語で高等教育を受けた世代と比べ、英語力の低下は著しい。しかしながら、そのようなマイナス点は、母語で論文や本が書けるという幸せと比較すれば、大したものではない。

日本の歴史学は、レオポルド・フォン・ランケの弟子であるルートヴィヒ・リースが一八八七年に来日し、東京帝国大学講師になったときにはじまった。一八八九年には史学会を創設し、ドイツの歴史雑誌 *Historische Zeitschrift* を直訳した『史学雑誌』が創刊された。

西洋史は、一九〇二年に箕作元八《みつくりげんぱち》（一八六二〜一九一九）が東京帝国大学教授となり、西洋史を講じたときに本格的にはじまったといってよい。箕作元八は、ドイツのテュービンゲン大学で博士号を取ったほどの秀才であった。お雇い外国人ではなく日本人が日本語で講義し、日本語で本を出版したことから日本の西洋史は生まれた。したがって日本の西洋史は、その出自から、日本人のための西洋史ということが意図されていた。

かつての西洋史研究の状況

ところで、なぜ西洋史を研究する人たちが出てきたのであろうか。これは推測するしかないが、少なくとも理由の一つとして、西洋に追いつくことが重要だったことは間違いあるまい。西洋の姿は日本の未来像であった。だからこそ、日本人に対して、日本語で書く必要があった。

日本人の西洋史研究が、日本人相手に日本語で書かれたのはこのような理由からであろう。たしかにイェール大学教授となった朝河貫一（一八七三〜一九四八）のような研究者はいたが、朝河は日本史が専門であり、そのうえで日本とヨーロッパを比較したのである。

また実際のところ、留学中ならともかく、日本にいる日本人が欧文で西洋史の論文を書いたとしても、読んでくれる欧米人研究者がいたとも思えない。

先に述べた新渡戸稲造にせよ、『余は如何にして基督信徒となりし乎』を書いた内村鑑三にせよ、西洋のことを英語で書いたのではなく、日本のことを英語で書いたから受け入れられたのである。日本人が、西洋史で現地の人たちとある程度対等に付き合えるようになるのは、もっとあとの時代のことである。

このような状況は、戦後になっても、しばらくのあいだ続いた。西洋史研究とは、あくまで輸入学問であった。現地の研究者の学説をきちんと紹介し、それにもとづいて論文を書くことが日本人研究者の使命であり、議論は、日本語で日本人研究者のあいだでのみ行われた。

一本の論文を書くのに、何年もかかった。現在からみれば信じられないかもしれないが、生涯に書き上げた論文が数本しかない西洋史研究者は、比較的最近まで珍しくはなかった。コピーが普及せず、洋書の価格が非常に高かった時代のことだから、仕方なかったであろう。意味がわからない単語があっても、インターネットがない時代のことなので、なかなか調べられない。英和辞典の水準が低く、適切な訳語が、場合によってはその単語さえ載っていないことも珍しくはなかった。ここに掲載されていない単語は英語ではないといわれているOEDを読んでも、単語の意味がわからないということは——現在でもそうだが——そう珍しいことではなかった。われわれの先輩は、そのようにして研究をし続けてきた。

日本の西洋史研究者は、自分たちの立場を、たとえば次のように言って弁護した。明治維新によって西洋の学問が日本にどっと流入した。西洋はもはや日本の一部となっているので、西洋史研究は日本のことを理解するためにも必要である、と。

しかし、私にはそれは詭弁に思えてならない。たとえば、中世の修道院研究が、どうのようにして日本の研究になるのか、それを証明する必要があるのではないか。それをなおざりにしたまま、「西洋はもはや日本の一部」などというのは、私には、こじつけだとしか思えないのである。

ただし、この時代の研究者が自分の対象としている国に対して抱いた憧憬について、私は羨望の眼差しを向けずにはいられない。西洋史という学問は、研究対象に対する迸るような情熱に支えられていたのである。
イギリス中世史の先駆者として、田中正義（一九一〇〜九三）という研究者がいた。田中が初めてイギリスを訪れたときの様子を、鵜川馨《うかわかおる》が『社会経済史学』の第六〇巻二号（一九九四）の追悼文に書いている。少し長くなるが、引用してみる。

先生のイングランドに対する思い入れは、その少年時代に発するものと伺っておりますが、戦時中のこととて英国留学の機会を逸して、初めて、憧れの地を訪れられたのは立教大学の在外研究員として、一九七〇年の五月から翌年の三月までの一年間でした。その二年前に糟糠の妻として先生を支えてこられた奥様を失われ、その三回忌を済ませてからの鹿島立ちで、たまたま筆者はオックスフォドの諸魂学寮の客員研究員でありましたので、ヒースロー空港まで車でお迎えに参りました。朝早くに到着されたので、オックスフォドへの途次、ウインザア城に立ち寄りました。城の高台から、眼下に広がる五月の田園風景、紫に煙るイートン校を遠望された先生は五月の詩を口ずさまれ、ここでこのまま死んでも本望であると述懐されたことが、昨日のことのように想起されます。（三一三〜三一四頁）

このような思いは、現在の研究者にはあるまい。私は、生まれて初めて海外を訪れた一九九三年に、私の研究分野の史料のもととなる通行税が徴収されたエーアソン海峡（スウェーデンとデンマークのあいだに位置する）を訪れた。だが、田中ほどの感慨はなかった。もちろん、田中は六〇歳になるまでイギリスを訪れたことがなかったから、このような感慨をもつに至ったのだろう。

われわれは、このような先達がいたからこそ、西洋史研究の発展があったことを忘れるべきではない。

大塚久雄・越智武臣・川北稔からみた西洋史研究

西洋史という学問は、長いあいだ、ヨーロッパやアメリカが日本人の憧れの土地であったこと、さらには、一度講座がつくられればそれは既得権となり、なかなか廃止されないという理由によって生き延びてきた。

しかし、欧米が憧れの対象ではなくなり、大学改革によって教養部が廃止され、さらに人文系は役に立たないという理由で、西洋史の講座そのものが廃止されようとしている。大学における西洋史の存立基盤は、今やなくなったと言っても間違いではあるまい。言い換えるなら、大学という制度そのものが、西洋史という学問の存続を保証するものではなくなったのである。

欧米が憧れの対象だった時代を代表とする歴史学は、第二章で論じた大塚史学であろう。そこには、現実のイギリスではなく、大塚のイメージした理想的なイギリスが描かれた。日本人にとってヨーロッパが遠く、なかなか現地に行けなかった時代のことであるから、現実とは違うイギリスを描いたとしても、その間違いに気づく人はほとんどいなかったであろう。

大塚が描いたイギリス像、ひいてはヨーロッパ像は、一九四〇〜六〇年代の日本人にとって、リアリティがあった。仮に大塚の『近代欧州経済史序説』を英語訳したとしても、それが欧米で高く評価されたとは思われない。欧米の重要な研究がかなり抜け落ちているだけではなく、欧米人にとって、イギリスの台頭を説明するのに説得力が乏しかったと考えられるからである。

大塚史学は、日本人のための西洋史の典型であった。それを批判した越智武臣にせよ、川北稔にせよ、日本人のための西洋史にこだわった。大塚と違うのは、あるべきイギリスではなく、現実のイギリスを日本人の目で描こうとした点にあろう。

これに対して、日本人読者のみを意識したとはいえ、越智の『近代英国の起源』の第三部、そして川北の『工業化の歴史的前提』は、英訳したとすれば、そのままイギリスの歴史学界に少なからぬインパクトをもつ作品であったと私は思う。

本書の最初で論じた三人の偉大なイギリス史家は、いずれも日本人のための西洋史を日本語で書いたという点で共通している。立場は違ったとはいえ、三人とも、日本人のための西洋史を書いた西洋史学を代表する人物だと言えよう。

そのような時代は過ぎ去ろうとしている。しかしその一方で、日本人が英語ばかりで書いてよいというものではないのも事実である。

われわれは、英語でも、日本語でも、論文や本を書かなければならない。もし日本語で書く必要がないなら、本書の出版意義さえなくなってしまうではないか。

なぜ日本語で書くのか

日本人は西洋史の論文を、なぜ日本語で書くのであろうか。

卒業論文であれば、そもそも英語で書くことなど不可能であろう。修士論文にもそれはあてはまる。だが雑誌論文になると、英語で書けないなどという理屈は通用しない。日本語で書いたほうが日本人にはわかりやすいという現実的な理由があるからこそ、日本語で書くのである。

自分の専門分野と異なる論文を英語で読んだところで、ちんぷんかんぷんというのが実情であろう。しかし日本語で書かれていれば、専門外の分野であっても何とかわかる。西洋史研究者の技量を簡単に知りたければ、英語ではなく、日本語の論文を読むほうがずっと簡単なのである。

このような現実的理由を別にすれば、日本語で西洋史の論文を書くことは以下の点にあると、私は考える。

日本語で西洋史の論文を書く以上、読者対象はほとんどすべて日本人だと想定される。しかも読者は、自分とは異なる分野を専門とする人びとであると推測される。そういう場合、研究史をかなり詳細に紹介し、自分の論文の位置づけを明確にしなければならない。じつは、これこそ、日本人研究者が欧米人研究者よりもすぐれている点だと、おそらく多くの歴史家が考えている。

外国史の研究では、研究史整理に途方もないほどのエネルギーを割かねばならない。そもそも自国史と違い、直感的に「ああ、なるほど」とわかることが書かれているわけではない。書かれていることではなく、書かれていないことが重要なこともある。あまりに当然すぎることは、あえて書かないからである。

そういうことを含め、論文に直接関係することだけではなく、間接的に関係する研究に目を通し、その位置づけをおこない、そのうえで論文を書くということが、本来は要求される。欧米人の研究は、その点で日本人のそれよりも劣っていると感じることが少なからずある。

西洋人の自国史家の論文を読み、「あれが足らない、これも足らない。なんでこの文献を読んでいないんだ。この結論は、以前に出た別の研究者と同じではないか」と思うこともある。どの国でもそうだが、業績主義の波に飲み込まれ、古典的な研究をきちんと読んでいない自国史の研究者などたくさんいる。われわれ日本人は、そのようなことにならないよう、大いに気をつけるべきである。

日本人が、日本語でこのような欠陥のない論文を書いたとしよう。それは、多くの日本人研究者にとって、重要な論文となるかもしれない。われわれは、英語ではなく、日本語という母語を媒介とすることで、西洋史に関するさまざまな知識を身につけることができる。これこそ、日本人が西洋人に対してもつ数少ない優位性の一つである。

この点の優位性は馬鹿にできるものではない。

日本人は、他国の人びとには信じられないほど外国の歴史に興味をもっている。こんな国を研究する人間がいるのかと、驚くことも稀ではない。かくいう私も、もっと若い頃は、バルト海貿易の研究者だというと、日本人はもちろんのこと、西洋人もビックリしたものであった。もっとも、最近はそういうことはなくなった。

現在の日本人の西洋史研究の水準は決して低くはない。だからこそ、分野を超えて、西洋史のさまざまな論文や本を読むべきなのである。そうすることで、西洋人には得られない幅広い知識が身につけられる。

しかも日本には、西洋史の書物の膨大な翻訳がある。

翻訳とは、縦のものを横にする作業である。そこに独創性はないように感じられるかもしれないが、それは翻訳をやったことがない人間が言うことである。欧米の概念は、なかなか日本語にならないことがある。しかし翻訳である以上、少なくともできるだけ近い訳語を考え出さなければならない。すぐれた日本語訳ができれば、それを読むことで、原著を読むことと比較した場合、どれほどの時間の節約になるか、考えみればすぐにわかるはずである。

日本人の西洋史家が日本語で論文を書くということは、対象とする言語を日本語に置き換えるという作業を繰り返しおこなうということでもある。この点から考えるなら、日本語で西洋史の論文を書くということは、絶えざる翻訳作業と言い換えることさえできる。その行為を通じて、西洋史家は西洋史をより深く理解してきたのである。ヨーロッパの言語であれば簡単なことでも、日本語になるとそうはいかない。きちんとした説明をしなければ、読者には通じない。それは、書き手自身が自分の言いたいことを、より深く理解する最良の方法のひとつである。そういう経験を経て、西洋史家は、そして西洋史研究は、成長してきたのである。

欧米の歴史学で使われる用語を日本語訳することによって、日本人の読者に用語の内容を伝えることができる。内容をしっかりと理解していなければ、それは不可能であり、歴史家としての能力を問われることになる。これは、言語形態が近い欧米の歴史家にはない利点であろう。

このような点からも、私は、日本人が日本語で西洋史の論文を書く意義はあると考えている。しかも、仮に英語で論文ないし本を執筆する必要があるときに、日本語で書くという行為を通して、その視野を広げ、自国を研究対象とする歴史家にはない視点をもつ視点をもつことができるのである。ただし、その研究を、自国を研究対象とする歴史家が良いと思うかどうかは、また別の問題である。

日本語の本を書くこと

では日本語で書くとして、何をどうすべきなのか。

私は、日本人の琴線に触れる日本語の本を書くことであると思う。

最近になって、世界史の教科書をどのように書くのかということが、日本西洋史学会でも随分と論じられるようになった。私自身、そのための講演をしたこともある。だが、教科書だけで十分なのであろうか。

高校生の頃、世界史の教科書ではなく、文庫、新書や選書、場合によっては漫画、さらには単行本で歴史の面白さに目覚めたという人は、少なからずいるであろう。したがって長期的にみるなら、高校生だけではなく、一般の読者が読んで面白いと思うような西洋史の書物を書くことが、「日本語で書く」という観点からは、もっとも重要なことだと考えられないであろうか。

専門の歴史家だけを相手にして生きていくことは、じつは簡単なのである。しかし、もはや社会制度として西洋史の存続が保証されていない現在では、それでは新しい需要は掘り起こせず、いたずらに西洋史研究の死を招くことになりかねない。

西洋史研究が生き延びる道とは、結局、そのマーケットを維持・拡大するための消費者を創出することにかかっている。

それには、西洋史は面白いと多くの人が感じる、日本語の著作が不可欠なのである。

第11章　ふたたび、歴史とは何か

史料との関係から

第四章で、E・H・カーの『歴史とは何か』を取り上げた。私の結論としては、本書は歴史家の心構えを書いた本だということであった。

ここでは、私なりに、「歴史とは何か」という問題について考えたい。ただし、スペースの都合もあるので、史料との関係に焦点を当てたい。歴史家にとって、史料は一番重要な栄養源である。したがって、何よりもまず、史料についての話をしなければならない。

史料について

歴史研究とは、史料にもとづいた研究であることは誰も否定できまい。概説や新書の類を除き、研究書や論文では、一次史料を使うことが必要とされる。

一般に、一次史料とは研究対象としている当時に書かれた文書のことをいう。もちろん、古代から中世初期にかけては、同時代史料がまったくない場合もあるから、この分類は大まかなものにすぎない。かつて西洋史は、古代史を別とすればなかなか一次史料に手が届かないことが多かったが、インターネットの普及により、現在では以前よりもはるかに容易に一次史料を入手できるようになった。ウェブ上で公開されている一次史料の数も、急速に増えつつある。

この点において、日本人がヨーロッパ史研究で抱えていたハンディキャップは、著しく縮まった。逆にいうと、以前なら入手できないという理由で読まずに済んでいた史料を読まなければならない時代に入ったのである。

しかし史料を読むためには、場合によっては相当な訓練がいる。史料は、その性格がわからなければ、きちんとは読めない。そのため、自分が使いたい史料の研究史を知る必要が出てくる。その分野の基本史料であればあるほど、研究史の蓄積は膨大であり、全部とはいかなくても、ある程度の研究史を知らなければ、史料は正確には読めない。

史料には文字以外に、考古学、古気候学、民族学、民俗学など、多様なものがある。歴史学とは非常に貪欲な学問であり、あらゆる学問をみずからの実証手段にすることができる。おそらく今後、DNA鑑定が歴史学でも応用されるなど、理系の史料が増加し、史料の範囲は大きく広がることになろう。しかし、基本的に研究対象とする時代の文書が読めなければ歴史家になることは不可能なのだから、ここでは文字の史料を中心に論を立てたい。

古い文書の読み方を学習し、史料の研究史をまとめ、史料の読み方がわかったとしても、それで本当に史料が読めたとは言えない。たとえば、ベルギーの中世史の大家ピエール・ジェニコの『歴史学の革新と伝統』(九州大学出版会、一九八四)への書評で、二宮宏之は以下の感想を述べている。

史料学の革新をめぐっての著者の指摘は、きわめて示唆的であり学ぶことが多いが、史料分析の彼方に、依然、歴史認識上の困難な問題が存することを指摘しておかねばならないであろう。著者の勧めに従って、残存する史料をすべて網羅しコンピューター処理しようとも、その分析結果と歴史的現実との間には、なお大きな距離がありうるからである。そこには、史料に即すことを基本としながらも、史料のみでは歴史的現実に必ずしも到達し得ないという、歴史研究のディレンマがある。

〈中略〉

ブロックは、史料は問いかけねば答えてくれないと言ったが、問いかけるためにもまずもって相手の素性を十分見極めておかねばならないし、答えを抽き出すためにはそれにふさわしい技法を心得ていなければならない。史料は、その生かし方を知っている者にのみその生命を明かすのである。

（二宮宏之『全体を見る眼と歴史家たち』平凡社ライブラリー、一九九五年、一〇八～一〇九頁）

史料は、歴史家が問いかけて初めて答えを出してくれる。そしてその質問は、最終的には歴史家の主観によって決定される。それゆえ、公正無私で客観的な歴史など存在しない。かといって、歴史が全く主観的であるわけではなく、重要なのは、一人の歴史家の問いかけに、多くの人が共感できることであろう。

論文であれ書物であれ、その理論や主張、さらには実証に共感できる人がいて、初めて作品は生命を獲得する。当初は実証的であると、共感者が多かった作品が、時代とともに実証性を疑われたり、枠組みが古くなることで、共感者が減ったりするのがふつうである。しかし、真にすぐれた作品ならば、たとえその実証が古く、枠組みが時代に適合できなくなっても、なお共感できる読者を獲得することが可能である。人は、それを古典という。

歴史家としての水準は、問いの水準によっても推し量ることができる。つぎに、見事な「問い」を発したことで、新たな発見をした二人の歴史家の史料の使い方をみてみたい。

マルセイユの更紗と捺染技術

近世フランスの国際商業史、さらには宗教社会史家として知られる深沢克己（一九四九〜）が博士論文で実証したのは、インドからヨーロッパに至る更紗の捺染技術の伝播ルートであった。一九八三年初頭、深沢は、マルセイユの文書館で多数の更紗の断片を無造作に貼りつけた仮綴の文書を発見した（深沢克己『商人と更紗—近世フランス＝レヴァント貿易史研究』東京大学出版会、二〇〇七年）。その一部は、レヴァント製更紗であった。深沢は、この史料をもとにレヴァント更紗の伝播ルートを明らかにしたのである。

深沢はインド更紗の製造方法を紹介する。そしてヨーロッパの製造業者がインドの染色技術を習得していく過程が描かれる。深沢の考えでは、ヨーロッパは西北インドから捺染技術を導入した。同地の更紗の模様は赤色または紫色であり、インド東部のそれは、白地であった。そして、深沢がマルセイユで発見したのは、ティグリス川河口のディヤルバクルからきた更紗であった。

更紗の名称や図柄を分析した結果、深沢はこの更紗がインド起源であったと推測する。そして、一七世紀にはアルメニア商人がこの種の更紗の製造と輸出をほぼ独占していたことを指摘し、インド、ペルシア、レヴァントを結ぶ国際交易路はアルメニア商人の幹線道路であり、捺染技術伝播の道であったことは確実だとする。

アルメニア人の隊商路は、同時に更紗の道、生糸の道、そして染料である茜の道でもあった。更紗のみならず、生糸や茜も、アルメニア商人が輸送していたからである。さらにアムステルダムにも、一七世紀中葉、おそらくアルメニア商人により、マルセイユ実業界を通じてペルシアの捺染技術が導入された。

レヴァントからヨーロッパに導入された捺染技術は、不溶性の顔料を布地に直接付着させる原始的な技術ではなく、茜の染料を用いた高度な染色技法であった。この技法はアルメニア商人がレヴァントに伝えたものであった。

マルセイユの染色技術はこのようにしてインドから導入された。深沢のすごさは、たまたま発見した一次史料とそれまでの研究史に照らし合わせて、捺染技術伝播の経路を証明した点にある。私は大学院生のときにこの論文を読み、日本にこのような国際水準の歴史家がいるのかと驚き、ぜひ会って教えを乞いたいと思った。

深沢によれば、ヨーロッパ人はアジア産の技法の原理をやがて習得する。するとヨーロッパ人最初は模倣者に過ぎなかったが、やがて捺染機械の発明と染色の科学的発明により、それまでの染色技術を一変させることになる。

産業革命とは、機械による綿織物の生産だけではなく、インドから導入した捺染技術の機械化も意味したのである。

貧民がアメリカに行った

つぎに、川北稔『民衆の大英帝国』(岩波書店、一九九〇年)を参照しながら、史料の有効な使い方についてみてみたい。

周知のように、川北によれば、一七～一八世紀のイギリスは、西インド諸島を中心とする「重商主義」帝国を形成しつつあった。ジェントルマンのみならず、貧民も、新世界の植民地と大きなかかわりをもった。川北が取り上げるのは、とくに年季奉公人の問題である。

年季奉公人に関する史料は、大きく分類して六シリーズあり、合計で二、三万人分のデータが残存している。これは、総数三〇～四〇万人の年季奉公人の五分の一程度に当たる。

川北によれば、元来、年季奉公人は貧民からなると考えられていた。しかし一九五〇年代以降、このような考え方は全面的に修正されるようになった。テューダー期のヨーマン研究者として知られるM・キャンベルが、自由移民を含むアメリカ移民全体の出自が「中産的」であったと強く主張したのである。

しかしキャンベル説は、一九七〇年代になるとコンピューター・ワークによって再修正される。そもそもキャンベルは、ブリストルのなかでも、史料状況の良い一七世紀中葉のデータだけを使っている。しかも、この限られた史料においてさえ、職業記載のないケースが三一%パーセントもあるにもかかわらず、職業を記載されたのと同じ構成比率をもつ集団だと考えた点に決定的な間違いがある。ギャレソンは「職業記載なし」集団は、若い集団だったと結論づける。職業の記載がないということは、当時のイギリスの習慣を考えるなら、彼らは「サーヴァント」に属する人びとであった。

ギャレソンによれば、年季奉公人移民の構成は、当時のイギリス社会の縮図であり、移民は、農民と各種職人、商工業者、日雇い労働者、サーヴァントからなると考えた。

ここで川北は、仮に年季奉公人移民がイギリス社会の縮図だとして、具体的にはどういう人びとが多かったのかという疑問を呈する。まず、ハズバンドマン（農民）が多いことから、キャンベルが言うよりもずっと下層の人びとから成り立っていたことがわかる。そしてギャレソンが言うよりもさらに下層の人びとであり、彼らの多くは地方からロンドンに来て、さらに海外に渡った。ここで川北は、ケンブリッジ人口グループの成果を援用し、この結論を出したのである。

言い換えるなら、彼らは人生の一時期をサーヴァントとして過ごすライフサイクル・サーヴァントに属した。サーヴァントは結婚による新世帯の形成・近代的な賃金労働者への入り口であると同時に、失業して浮浪者や犯罪者になることさえあった。その彼らは、アメリカにも渡ったのである。

川北は移民史のデータを読み、そのデータを人口史研究のデータと比較し、ロンドンに向かう国内人口移動の延長として、貧民がアメリカに渡ったことを実証した。移民史の研究と人口史の研究を接合したのである。川北の能力として他の追随を許さない点は、多様な研究を結びつけ、全体像を提示することにある。しかもそれを、一次史料を用いて実現したのである。

実証が活かされるとき

歴史が単にある事件が発生したかどうかを実証するだけの学問であるなら、歴史学とはじつに簡単な学問であろう。ある事件や事柄が事実だと実証しさえすれば、歴史家の仕事は終わってしまう。しかし実証とは、本来、それにとどまらない。実証するためには、一次史料を大きな歴史的文脈のなかに位置づけなければならない。

深沢と川北の実証は、それに見事に成功した事例である。

深沢は、更紗の捺染技術という点に着目した。捺染技術においては、ヨーロッパよりもインドの方が長いあいだすぐれていた。ヨーロッパは、その技術を咀嚼し、やがて捺染機械の発明により、インドの捺染技術を凌駕する。深沢の論考は、このような文明史的観点に立って書かれる。その実証手腕の見事さもさることながら、その実証が、非常に大きな歴史的文脈のなかにきちんと位置づけられていることが重要であろう。

川北は、イギリスからアメリカに渡った年季奉公人移民のかなりの部分が貧民であり、ライフサイクル・サーヴァントであったことを実証した。アメリカ移民はピューリタンだけではなかったことを実証し、貧民にとってさえ、イギリス帝国がいわば一つの安全弁を提供したと論じた。

深沢はマルセイユの文書館で出会った一次史料から、非常に雄大な歴史分析をなした。これぞ、歴史家の醍醐味ともいうべき瞬間であろう。もしかしたら、深沢以前にもこの史料を見た者がいたかもしれない。しかし、この史料を使って、これだけ見事な図式を描けたのは、深沢に歴史家としての並々ならぬ素養があったからであろう。

それに対して川北の使った史料は、文書館で新たに発掘したものではない。これまでにも、何人もの歴史家が見てきた史料である。しかし川北によって初めて、ケンブリッジ人口グループの研究と移民史研究が接合されたのである。さまざまな分野に通じている川北ならではの実証であった。

この二人の研究のように、実証とは、大きな歴史の流れを説明できて初めて活きてくるのである。史料は素材であり、歴史家はその料理人なのである。素材を生かすも殺すも、料理人の腕にかかっている。

実証教育の難しさ

『歴史とは何か』で、カーは事実と歴史的事実を分けて考えた。歴史家が取り上げるからこそ、歴史的事実が生まれるのである。

これについて、私はカーとは違った見解をもっている。

どのような事象も、すぐに歴史的事実になる。たとえば、現在起こったことも、たちまちのうちに過去に起こったことになる。それを私は歴史的事実と呼びたい。ただ、このようなことに立ち入るのは、歴史哲学の問題になり、とりとめがなくなるので、ここでは避けたい。

歴史家は、歴史的事実のなかで興味がある事象をピックアップする。それは、究極的には恣意的な、あるいは主観的な選択である。その瞬間、その事象は、歴史家によって、歴史研究に値するという意味を吹き込まれる。歴史家は、その事象が研究に値することを証明しなければならない。そのために、歴史家は史料を使う。その史料により、ある事象が歴史の大きな流れのなかでも重要であると示されたとき、初めて実証に意味が付与されると私は考える。

大学生のとき、実証の重要性について習いはしたが、当時の西洋史のことゆえ、具体的に史料を使っての実証という授業はなかったと記憶している。私がやっていたことといえば、欧文や邦文の本・雑誌を読み、それをもとに自分の立論を作り上げるということであった。実証については、大学院に入ってからの仕事となった。歴史学の研究手法が身につくにはかなりの時間がかかり、到底、学部生のときにできることではなかった。

私の場合、歴史学の研究手法は、まったく見よう見まねで、論文を書いているうちに次第に身についていった。西洋史という領域は、なにぶん研究分野が多岐にわたるので、時代や国が変わると史料の性格も大きく変わり、分野が違うとアドバイスはできても、実証手法を具体的に教えることははなはだ困難である。

西洋史の実証教育の難しさはここに由来する。現在もなお、研究を積み重ねていくうちになんとなく実証というものがわかってくるというのが、多くの歴史家の実態ではないか、と私は思うのである。

貿易統計からみた史料の扱い

二人の大家の事例のあとで、私の経験について述べるのははなはだ恐縮ではあるが、それは、私にとってもっとも身近な事例ということでお許しいただきたい。

表11－1は、一八世紀のイギリス・オランダの貿易額を示したものである。この表は、これまで多数の研究者が目にしてきた、エリザベス・ブーディ・シュンペーターによるイギリスの貿易統計である。これまでの研究では、イギリス側の黒字であり、オランダの赤字であると言われてきた。しかし単純にそう考えて良いのであろうか。

イギリスは、たしかにオランダに輸出した。しかしこの当時オランダ

表11-1 イングランドとウェールズからのオランダへの輸出額（再輸出を含む）と輸入額

（年平均）（単位：1,000ポンド）

年 度	1701-05	1711-15	1721-25	1731-35	1741-45	1751-55	1761-65	1771-75
輸 出	2,048	2,214	1,908	1,877	2,252	2,786	2,066	1,846
輸 入	562	531	551	510	415	306	440	457
差 額	1,486	1,683	1,357	1,367	1,837	2,480	1,626	1,389

出典：E. B. Schumpeter, *English Overseas Trade Statistics, 1697-1808*, Oxford,1960, Tables V and VIより作成

がヨーロッパ最大の海運国家だということを考えるなら、オランダから別の地域へと再輸出された商品がかなり多かったことは容易に推測できる。

オランダは、イングランドの再輸出品が最初に輸出される地域であった。むしろイギリスは、オランダを通さなければ輸出できなかったという点で、マイナス要因があったことになる。オランダが中継貿易の拠点であり、さまざまな手数料による利ざやを稼いだのである。

この表から、イギリスとオランダの貿易収支を算出することはできない。貿易収支とは、輸出量と輸入量の差額をいう。しかし、イギリスからオランダに輸出されたもののうち、少なからぬ部分が別の国に再輸出されたとすれば、イギリスのオランダとの貿易収支を算出することは不可能だからである。それが、貿易統計の性質から私が出した結論である。

オランダに取って代わって、イギリスがヨーロッパ最大の海運国家になったのは、オランダがフランスの占領下に置かれた一八世紀末のことであった。それまでイギリスは、一六五一年から数度にわたり航海法を公布し、オランダ船排除に努めたが、成功しなかったのである。

だが、私の知るかぎり、ここに述べたような主張をする歴史家はいなかった。手垢がついたと思われている史料でも、それまでと違う発見をすることもあるのである。

書かれていること、書かれていないこと

史料に書かれていることは、事実とはかぎらない。これは最近ではとんと流行らなくなった言語論的転回以前から、多くの歴史家が当たり前のこととして受け入れてきたことである。さらにまた、われわれは、「書かれていない」事実のほうが重要である可能性も考慮に入れなければならない。

人びとが記録を残すのは、それが非日常的な出来事だからである。日常的な事柄は、記録には残されない。そのことに気をつけなければ、例外的な記録をもとに一般化した議論を展開することにさえなりかねない。

短期的にみれば、史料はたまたま発見される。史料の探究期間が長ければ偶然性は減少するが、決してゼロにはならない。史料がもし残存していたとしても、その史料に遭遇しないかもしれない。史料が「ある」ということは簡単だが、「ない」ということは難しい。入手した史料が「全体を代表する」かどうかは、さらに史料調査を続けるか、それまでの研究史から判断するしかない。場合によっては、その判断ができないこともある。たとえば、それしか史料がない場合がそれにあたる。歴史家は、このような状況で研究を続けなければならない。

「書かれている」ことだけではなく、「書かれていない」ことも十分に史料になる。

たとえば航海者は、航海日誌や自分たちの日記に、海に対する恐れを書かないのがふつうであった。「本日は、晴天、異常なし」などとしか書かれていないことが多い。かといって彼らが海を恐れていなかったわけではない。それはいわば当たり前の前提であり、だからこそ書かなかったというのが、現在の海事史研究者のコンセンサスだといってよい。

近世の航海者は、遠洋航海をすればするほど、仲間から尊敬された。それは、一般に遠洋航海のほうが沿岸航海よりもはるかに危険だったからである。遠洋航海に出るということは、海で航海するときに感じる恐怖を何度も乗り越えてきた勇気が尊敬されたのである。

歴史家は、このように「書かれなかった事実」を視野に入れて研究しなければならないのである。そういう性質の学問である以上、歴史学は、対象となる時代をクリアカットに説明することは難しい。自分の主張を立証できる決定的な史料があることは稀であり、推測に頼らなければならないことも多い。

歴史家が書くことができるのは大筋であり、ある説を唱えても、それですべてが語れるわけではないことは、まともな歴史家ならわかっているはずである。しかし、歴史家はその時代の全体像を出さなければならないので、一つのシェーマを出すことになる。

私の知人で、自分の研究分野のヨーロッパ人の大家の説について、しばしば「史料からすれば、必ずしもそうとはいえない」と言う人がいた。私は、このような言い方を好まない。「必ずしもそうとはいえない」のは当たり前であり、あるシェーマの反証になる事実を史料から読み取ることは、じつはさほど難しくない。しかしその史料が、研究対象となる時代からみてどの程度の価値があるのかを示してから、そう言うべきだったであろう。でなければ無いものねだりであり、かつ、新しいシェーマを作り上げるという、本来歴史家として要求される職務を放棄していることになるからである。

史料から叙述へ

歴史家には、一つの時代の全体像を描きたいという願望がある。少なくとも私はそう思っている。しかし、いかにたくさんの史料を読もうと、そこから当該期の全体像を出そうとすれば、どうしても史料だけでは語れない部分ができ、論理に飛躍ができる。史料は、一つの事実を提示できても、それが全体とどう関係するかは、最終的には歴史家の主観によって決定される。歴史は、数学のように客観的にわかるという学問ではない。史料を読むこと、史料を利用することは歴史家の基本であるが、すべてではない。

全体像は事実の積み重ねの上に形成されるが、その全体像と事実の積み重ねとのあいだには、解離が出てくる。それを埋めるのが理論であり、歴史研究における理論の重要性は、この点にある。したがって理論のない歴史研究に、私はあまり価値を見いださない。

歴史家は、史料を読み、ある仮説を立てる。最初に仮説がある場合もあるが、どちらの場合も、その仮説が正しいかどうか、史料によって検証する。史料がその仮説を支持しないこともある。歴史家の資質として重要なのは、もし史料が仮説を裏付けないとすれば、その仮説を史料に即して変えていくことができることである。そうして、あるシェーマを形成する。

そのシェーマは、読みやすい歴史叙述で提示されなければならない。この点について、私はかつて、以下のように書いた。


歴史叙述とは、虹を描く行為に似ている。虹という具体的な物質は存在しない。それは、光のスペクトルによる反射にすぎない。しかし虹の美しさは否定できない。史料を読み、それを分析することは、そのままでは一粒一粒の水滴の分析にすぎない。それは、本来の意味の歴史叙述ではない。むしろ、アーキヴィストの仕事であろう。

美しい虹を描くためには、どのような角度から光を当てるかという作業が大事なのであり、換言すればどのような視点から叙述をするのかが大切なのである。さらに角度が変わるからこそ、史料解釈が変わる。歴史の見方が変わるのである。さまざまな歴史解釈が可能なのは、いくつもの角度から光が当てられるからである。

〈中略〉

読者の心に届く叙述をすることこそ、歴史家が本来求めるべきものであろう。

（玉木俊明『近代ヨーロッパの形成――商人と国家の近代世界システム』創元社、二〇一二年、二二七頁）

本来、歴史家とは、史料にもとづき、新しいシェーマを、あるいは自分なりのシェーマを提示し、それをわかりやすく、可能ならば美しい歴史叙述にまとめられる人のことをいうと、私は思う。すべての史料は、説得的な歴史叙述をするためにあるといっても差し支えあるまい。

歴史家が、別の歴史家に影響されるのは当然である。しかし、自分自身の歴史学を築けない歴史家は、決して一流の歴史家ではないのである。

第12章　ヨーロッパ史と異文化間交易

ヨーロッパはどうやって対外的拡張をしたのか

異文化間交易とは何か

「異文化間交易」とは、アメリカ人の歴史家フィリップ・カーティン（Philip De Armind Curtin, 1922-2009）によって一九八四年に上梓された書物で使われた用語である（田村愛理・中堂幸政・山影進訳『異文化間交易の世界史』NTT出版、二〇〇二年）。この語は、現在の欧米の商業史研究において、しばしば使われるキーワードとなっている。カーティンはこの用語を使って、古代メソポタミアから二〇世紀までの歴史を扱っている。

カーティンによれば、商人は、出身地域から大きく離れた別の都市に異邦人として移住する。通常は、取引相手の共同体の辺境地域ではなく、重要な役割を果たす中心都市に移り住み、その地で語学や習慣、生活スタイルの習得につとめ、やがて異文化間交易の仲介者となる。そして住みついた社会と、もともとの出身地域の人びととのあいだで、交易の促進につとめるようになる。

この段階になると、移住先で定住する商人と、移住先と出身地の行き来を繰り返す商人に分かれていく。それにともない、当初は単一であった居留地が複数に増えていく。さらに、それらは互いにつながるようになる。もとの共同体の外に一つの居留地をつくった交易民は、徐々にその居留地を増やし、交易ネットワークを形成するのである。これを交易離散共同体と呼ぶ。

カーティンによれば、このようにして交易圏が拡大する。その交易圏では、おそらく比較的均質な情報が得られ、商業慣行も統一されると推定できる。

しかし、カーティンの研究以降、異文化間交易という概念は大きく変化した。現在の研究では、異なる宗教や宗派に属する商人たちの交易だとしてとらえられているようである。そのためここでは、異文化間交易を、宗教や宗派の異なる商人同士での取引という意味で扱う。

商業活動を拡大させるということは、当然、それまでの取引相手とは違った相手と取引することを意味する。したがって、商業空間の拡大は、異文化間交易圏の拡大につながる。世界の商業が拡大し、世界経済が発展する際に異文化間交易がどのように貢献したかということは、歴史研究において、きわめて重要なトピックとなるはずなのである。

今回は、異文化間交易という用語をキーワードとして、初期中世から近代までのヨーロッパ史の外観を提示してみたい。

ピレンヌ・テーゼ

古代地中海世界は、ローマ人の内海であったことは広く知られる。換言すれば、もし古代にヨーロッパというものがあるとすれば、それにはアフリカ北岸が含まれていたのである。

古代地中海世界の姿は、中世になると大きく変わる。古代から中世にかけてのヨーロッパ経済の変容についてみていく場合、ピレンヌテーゼの検討は欠かせない作業である。

アンリ・ピレンヌはその著書『ヨーロッパ世界の誕生』で、ムハンマドによりイスラーム世界が誕生したために、古代地中海世界の統一性が打ち破られ、ヨーロッパ世界の中心は内陸部に移ったと論じた。

ピレンヌによれば、メロヴィング朝（四七一～七五一）とカロリング朝（七五一～九八七）の経済構造は大きく違っていた。メロヴィング朝には、古代ローマ以来の地中海商業の伝統が残存していたが、カロリング朝になると、それがついえたと考えたのである。ヨーロッパの中心は、地中海からアルプス以北に移ったからである。カロリング朝の国王であったカール大帝（位七六八～八一四）は、ムハンマドが地中海世界を侵略したからこそ帝位につけたのである。ピレンヌが、これについて「ムハンマドなくしてシャルルマーニュなし」といったのは有名である。

このようなピレンヌの学説は、日本の歴史学界では現在もなお大きな影響力があるように思われる。しかし、欧米の学界、そして日本の西洋中世史家のあいだでも、もはや否定されている。現実には、地中海がムスリムの海になったことはなく、ヨーロッパ大陸南岸では、古代からずっとヨーロッパ人による交易が続いていた。イスラーム勢力によって、西欧がビザンツからも切り離された閉鎖された社会になったとは、現在では考えられてはいない。

ムスリム商人とヨーロッパ商人による交易もあった。忘れてならないのは、商人は、儲かりさえすれば、どんな相手とでも商売をしたがるということである。

イスラーム国家が、西欧から奴隷を輸入することもあった。フランスのヴェルダンとイスラーム支配下のイスパニアのあいだでの奴隷貿易がそれにあたる。そしてアラブ人が、イタリア―プロヴァンス間の海上交通を妨げることはなかったのである。

むしろここで注目すべきは、イスラーム勢力の台頭により、地中海で異文化間交易が発展したことである。すなわち、地中海は、ローマ・カトリック信徒、ビザンツ帝国（東方教会）の商人、そしてムスリムの海になったのである。このような多様な宗派による貿易が行われたことは、地中海の大きな特徴である。

しかも、イスラーム勢力が大きく拡大したため、地中海は、より大きな世界とつながることになった点にも注目すべきである。アッバース朝（七五〇～一二五八）の最盛期の支配領域は、イベリア半島から中欧アジアまで及ぶほど広大であった。地中海は、いくつもの異文化を含む交易圏を形成する、その広大なネットワークと接続された。つまり、地中海のネットワークは、イスラーム勢力によって閉鎖されるどころか、逆に大きく広がったのであり、中央アジアからヨーロッパに至る世界は、一つの広大な商業空間となった。

ただし、常識的に考えれば、アッバース朝のほうが経済力が強く、しかも頻繁に交易がなされる空間ではなかったものと思われる。というのも、アッバース朝の商品が、中世のヨーロッパに大量に出回っていたということは、聞いたことがないからである。

イタリア都市国家の現実の経済力

中世においては、北方ヨーロッパ諸国よりも、地中海の都市国家のほうが、経済的には先進地域であった。スウェーデン経済史の泰斗ラース・マグヌソンによれば、フィレンツェやヴェネツィアのような都市国家は、昔から工業が繁栄していた。すでに一三世紀には、フィレンツェには産業革命が開花するために必要な条件がほとんど揃っていたという。毛織物産業が大きく発展し、皮革の生産・なめし他の生産分野においても、裕福な商人によって前貸問屋制工業に資金が提供され、組織化されていた。一三世紀初頭のフィレンツェは、キリスト教世界最大の都市だったのである。

しかし、イタリア経済はやがてオランダ、さらにはイギリスなど北西ヨーロッパ諸国に追い抜かれる。

その理由としてマグヌソンがあげるのは、イタリアは都市国家であったために国家の力が小さく、国家が経済に介入して経済成長を達成するということができなかったということである。ヨーロッパに主権国家が誕生すると、国家はときには暴力手段を用いて市場を保護し、市場活動を円滑にすることに成功した。都市国家の域を出ていないイタリアには、そのようなことは不可能であったというのである。

たしかに、そういう側面もあろう。それに対し私は、異文化間交易という観点から、そもそもイタリアは、ヨーロッパ人が考えるほどには先進的ではなかったと主張したい。

東南アジアのモルッカ諸島でとれる香料は、インド洋から紅海を経て、アレクサンドリアに送られ、さらにそこからイタリアに輸送された。この香辛料貿易で、イタリアは巨額の富を獲得していたとされる。

しかし一四九八年にヴァスコ・ダ・ガマの一行がインドのカリカットに到着し、喜望峰ルートでの航路が開拓され、紅海からアレクサンドリアを通り、イタリアに香辛料を運ぶルートはすぐに衰退し、ポルトガルに取って代わられたと考えられていた。これは、現在もなお一般に流布している学説だと言えよう。

ただしこの学説は、専門家のあいだでは、大いに疑問視されている。すでに大塚久雄を論じた際に述べたように、一九三三年にフレデリク・レインが発表した論文では、喜望峰を通るインド洋ルートの発見により一時的にポルトガルが優位に立ったが、現実にはこの航路のほうが地中海経由の航路よりも輸送費が高く、結局、地中海ルートを使うヴェネツィアが復活したと主張された。

この論文については、レインは単位の換算を間違っており、ポルトガルの香辛料輸送量は非常に多かったと批判しているものもあるが、長期的には地中海ではなく喜望峰経由での香辛料の輸送量が増えたことは間違いない。

イタリアは、インドと東南アジアのルートから切断されることになった。一七世紀初頭になると、陸上ルートでインドや東南アジアへとつながる異文化間交易圏からイタリアが切り離され、その代わりにイギリスやオランダ、ポルトガル商人が一翼を担うようになった。

イタリア経済衰退の大きな理由の一つは、ここに見いだされる。さらにこの事実は、イタリアが、この広大な異文化間交易のなかで、あまり大きな役割は果たしていなかったことを物語る。イタリアは、別の国によって取って代わられた。それに対し、オスマン帝国に取って代わることは、どの国にもできなかったであろう。この時点ではなお、ヨーロッパよりもオスマン帝国、アジアのほうがずっと経済力があったからである。

ポルトガルの進出

ポルトガル海洋帝国は、史上初の世界的な海洋帝国であった。以前は、スペインとともに大航海

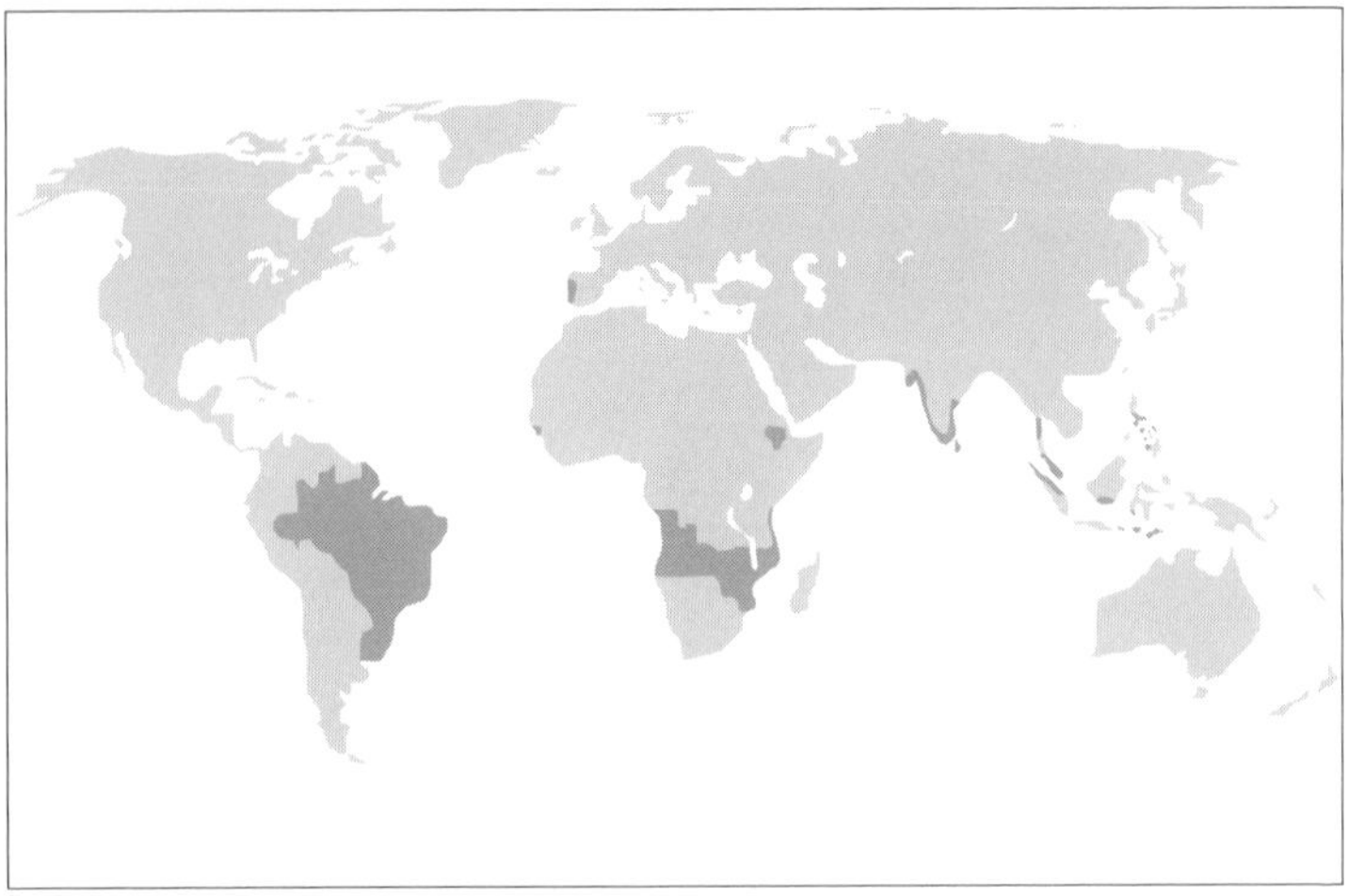

ポルトガル海洋帝国地図

時代の先駆けとなったものの、その後急速に衰退するというイメージが強かったポルトガルであるが、現在では、ポルトガルの国家としての力は衰えたものの、ポルトガル商人の力は依然として強かったというのが通説になりつつある。

ポルトガルは、新世界にもアジアにも同じように進出した。この点は、新世界への進出を中心としたスペインや、アジアへの進出が目立ったオランダとはまったく違っている。あえていえば、イギリスのパターンに近い。

上の図は、ポルトガルが植民地にしたことがある地域をさす。ブラジルが圧倒的に大きいが、アフリカの西岸と東岸、さらにはインドや東南アジアにまで植民地を有した。ポルトガルの植民地はほぼ同じ緯度にあり、これらを総称してピンクゾーンという。ポルトガルの地図では、ピンクに塗られていたからである。以前は、一七世紀になるとアジアよりもブラジルのほうが重要になっていったと思われていたが、現在ではアジアとブラジルの結びつきが強められたという見解に変わっている。

　ポルトガルは小国であった。だから植民地をオランダやイギリスに奪われたとしても、アジアで自国商人が活躍するだけで、十分な市場が得られたのかもしれない。小国ならではのニッチ戦略といえた。一七世紀終わり頃、ポルトガル商人は、英仏の東インド会社と共同して貿易をしていた。どちらの東インド会社も、商業的にはポルトガルと敵対する必要はなかったからである。ポルトガル語は、一八世紀末に至るまで、アジアでもっとも頻繁に話されたヨーロッパの言語であった。

アジアのヨーロッパ商人

　ヨーロッパ人はアジアだけではなく、新世界にも進出した。しかし新世界が、ヨーロッパ人が開発した地域だったのに対し、アジアの海では、そもそもアジア人が活躍していた。そのため、アジアのほうが格段にコミュニケーションが難しかったと考えられる。ここでは、アジアに限定して論じたい。

　一六世紀以降、アジアではヨーロッパ商人の活躍が目立つようになる。たとえば中国におけるポルトガル人は、アジアの海上貿易で大きな貢献をした。中国から日本までの中間商人として活躍したのである。

　新世界の銀は、マニラを経由して中国に到達した。これにより明代後期の中国、とりわけ広州の貿易が大きく刺激されることになった。そしてポルトガル領インドから来たマカオのカントリー・トレーダーが、マニラの市場とインドとを接合したのであり、これは、アジアの貿易の新軸を意味した。

東南アジアには、非常に多くのタイプの商人がいた。たとえば、ムスリム商人がいた。彼らの多くは、もともとインド出身であった。また、イスラーム教徒に滅ぼされたマジャパイト王国（一二九三～一五二〇年頃）はヒンドゥー教王国であった。そのうえ仏教の王朝もあった。中国からは、華僑が東南アジアに移住していた。

インドにはムスリム商人が多かったが、ヒンドゥー教徒商人もいた。シク教徒の商人もいたし、アルメニア商人も活躍していた。

このような宗教的多様性は、おそらくヨーロッパにはみられないものであった。換言すれば、アジアこそ、異文化間交易の地であった。だからこそ、ポルトガル商人はアジアの海に比較的容易に入り、商業活動に従事することができたのである。そして、アジア商人のネットワークを利用しながら、ポルトガル商人に代表されるヨーロッパ商人は、少しずつ活動領域を拡大していったのである。

周知のように、清政府は、外国との貿易港を広州に限定していた。そして広州には常時、通訳は四～五名しかいなかった。

通訳不足は、ヨーロッパ商人のあいだでも深刻な問題であった。たとえば一七四八年、イギリス商人のチャールズ・フレデリク・ノーブルは、こう書き残した。「外国語を話せる中国商人はほとんどいなかったのでが、英語ないしポルトガル語を話すことができる人を雇っていた。だから、フランス人、オランダ人、デンマーク人は、このどちらかの言語を話す必要があった」、と。ここから、英語とポルトガル語がコミュニケーション言語として重要であったことが窺える。おそらく、ポルトガル語のほうがより重要であった。

広州の税関の役人は、すべての商品の価格と量を記録した。このように絶えず情報を掌握していたために、中国人の役人が有利な地位にいたものの、情報の透明度は高く、外国人商人と中国商人が手を組んだり、独占したりすることが妨げられた。

中国人役人からの干渉を避けるために、中国人商人とヨーロッパ商人は通訳をできるだけ使わないようにし、共通の言語を創出したといわれる。

商業活動においては、中国政府と中国人商人の利益が一致しているわけではなかった。商人が国家の網の目をくぐり国境を越えて共同して商業を営むという行為は、一八世紀中頃になっても続いていたのである。

異文化間交易と商業形態——ヨーロッパ文化の優位

イタリア人の歴史家フランチェスカ・トリヴェラート（Francesca Trivellato, 1970-）は、イタリアのリヴォルノの商人（イベリア系ユダヤ人のセファルディム）とインドのゴアのヒンドゥー商人の異文化間交易を研究した。

彼女の研究は、イタリアから地中海産のサンゴがインドのゴアに輸出され、ゴアからイタリアへはダイヤモンドが輸出されたということを立証した。

その研究によれば、インド洋ではポルトガル語が使用されていたので、一八世紀において、彼らの取引はポルトガル語で行われたという。

商人のあいだでの契約が私的なものから公的なものになり、商業取引上の規則が統一化されていくと、商業書簡のスタイルが徐々に統一されてくることになった。また、近世においては、推薦書や自己紹介の文書が、商人が新しい取引相手とコンタクトをとり、取引地域を拡大するための方法として用いられた。

ここで大きな働きをしたのが、印刷機の発明である。というのも、商人が手紙を出すときの規則を印刷したパンフレットなどが出版されたからである。しかも商業書簡はマニュアル化され、ヨーロッパ商人は、ヨーロッパ外商人との取引でも、そのルールを押し付けることになった。たとえばゴアのヒンドゥー商人は、キリスト教のヨーロッパで精巧になった手紙の書き方の規則を吸収することになった。

商業書簡の書き方の規則を守っていれば、初めて手紙を出す商人も、比較的簡単に仲間として認めてもらえた。そうすることで、手紙を出した商人だけではなく、出された商人のネットワークも広まっていった。

パンフレットに書かれた慣行を守ったなら、ヨーロッパ外の商人でも、ヨーロッパ商業の仲間になることができた。ヨーロッパ人は、このようにして徐々にアジア商業の世界をヨーロッパ化したのである。

ヨーロッパは、確かに暴力手段を用いて支配地域を拡大していった。しかし、それと同時に、商人の独自の活動により、ヨーロッパの商業空間が拡大していったのである。

電信とイギリス

異文化間交易に新たな衝撃をもたらしたのは、蒸気船と電信であった。

蒸気船により、船舶の航行スピードはさほど速くなったわけではなかったが、一般に、航行日数は短縮され、停泊する港の数も減っていった。帆船の時代には、船舶は多数の港に停泊し、商人はそのたびにさまざまな異文化に接触していたが、一九世紀後半の蒸気船の時代になると、商人が接触する異文化の数そのものが減っていった。いくつかの異文化交易圏を飛び越えて、目的地まで航海できるようになった。そして、世界最大の商船隊を誇ったのは、この時代にはイギリスになった。

この傾向を促進したのは、電信の使用であった。

イギリスは、一八五〇年代以降、世界中に電信網を張りめぐらせていった。しかも、イギリスが本国から世界各地に引いた電信・海底ケーブルのルートは、近世の貿易商人のルートをそのまま利用したものであったことに注意されたい。

まず地中海からみていこう。地中海に海底ケーブルを敷設したが、それはもともとイタリア商人とムスリム商人の交易ルートであった。そして、スエズ地峡を経て紅海に至るルートは、ムスリム商人ないしオスマン帝国の交易ルートであった。さらにそこからインドに到達する海底ケーブルは、ムスリム商人の交易ルートに沿って敷設された。

インドから東南アジアまで海底ケーブルが敷設された地域は、もともとインド商人、ヒンドゥー教徒、アルメニア人らの交易ルートであった。ポルトガル商人が開拓したアフリカまわりの海上ルートをたどって、海底ケーブルが敷設された。

上海から香港に至る海底ケーブルのルートは、中国商人、華僑、さらには東南アジアのさまざまな商人が利用していた商業ルートであった。

陸上ルートに目を向けると、シベリアルートは、デンマークが創立した大北方電信会社のルートであったが、これにはイギリス資本も投資されていた。ロシアからウラジオストクまでは、もともとはアルメニア商人、シベリア（イルクーツク）商人、ヤクーツクの商人を含むロシア商人の商業ルートであった。

電信のルートは、近世貿易に従事していた商人のルートを継承したものであり、ここに近世と近代の大きな連続性がみられる。

イギリス帝国は、世界史上最大の帝国であった。そのため、帝国に含まれる異文化間交易も、きわめて多かった。それらは、蒸気船、さらには電信、とりわけ海底ケーブルによって結ばれたのである。

中世初期においては、緩い紐帯でしかなかった異文化間交易のルートが徐々に強められ、電信によって一体化したのである。イギリスは、自分たちが開拓したルートではなく、むしろ他の国々、とりわけポルトガル人が開拓したルートを使って世界的な電信網を形成し、みずからの支配領域を拡大し、多数の異文化間交易圏を結びつけたのである。

イギリス帝国とは、多数の異文化が混在した帝国であり、広大な帝国を統治するために、イギリス本国は、電信を使って帝国各地に情報を流し、さらに帝国各地からの情報がイギリス本国へと伝えられた。

そのような帝国が成立するためには、ここに述べたような異文化間交易の歴史があったのである。

第13章　重商主義とイギリス

イギリス帝国のあり方

重商主義と政府

世界史をみていくと、一五世紀にはじまり、一九世紀まで続いたヨーロッパの対外的拡張が、きわめて大きな意味をもっていることはたしかである。一七世紀になると、ヨーロッパはさまざまな特権商事会社を創設し、ヨーロッパ外地域へと進出した。特権商事会社の時代は一八世紀末になるとほぼ終焉を迎える。この一七～一八世紀は、重商主義の時代と呼ぶこともできる。

しかしこの重商主義という用語は、現在の日本ではあまり使われなくなっているようである。かつては大塚史学が経済学説史の歴史的ベースとして機能していたが、現在では、学説史のベースとなる経済史はなくなっている。また、学説史家の関心が一九世紀以降に移ったため、重商主義研究はあまり活発とはいえなくなっている。しかし重商主義は、なお歴史学研究で重要な用語であると私は思っている。

重商主義は、『オクスフォード経済史百科事典』で次のように書かれている。

「重商主義」という用語は、経済の教養と商業政策の両方を意味する。それらは、国民国家に最大の利益をもたらすために必要な経済活動に、政府が介入することを擁護した。「重商主義システム」という用語は、最初はフランスの重農主義者であるミラボーの著作にみられたが、重商主義に熱心に反対したアダム・スミスによって制度化された。「重商主義」そのものは、ドイツ歴史学派によって広く使用されるようになった。

(Elise S. Brezis, *Mercantilism, in The Oxford Encyclopedia of Economic History*, Vol. III Oxford, 2004, pp. 482–483)

重商主義とは、一般にこのように理解されてきた。そして、経済成長は自由放任政策によって達成されるのであり、国家の介入を意味する重商主義は、経済成長の妨げになったと考えられてきた。しかし、現在では、この見解は時代遅れになっている。重商主義を擁護する有名な研究者のひとりに、イギリス人のパトリック・オブライエンがいる。オブライエンによれば、近世のイギリスは、重商主義政策をとったからこそ、フランスとの戦争に勝利し、経済成長を実現して、一八一五年にはヘゲモニー国家になることができた。

一六八八年から一八一五年にかけてのフランスとの戦争のため、イギリスの戦費はうなぎのぼりに上昇し、政府の規模は肥大化した。オブライエンによれば、イギリスはそのようななか、暴力手段によって市場を保護した、しかも重要なことに、所得弾力性が高い(経済の上昇率以上にその商品を購入する比率が増える)財に税金をかけることで、借金の返済に成功した。オブライエンにとって、重商主義とは、国家政策そのものを意味すると言って良い。

だが私には、このような見方は、結局のところ、議会やイングランド銀行があるロンドンさえ研究すればよいという態度に思える。これこそ、ウェストミンスター史観だといえよう。オブライエン以外の重商主義研究者で著名な人物に、スウェーデン人ラース・マグヌソンがいる。彼は、経済学説史として重商主義を分析するだけではなく、経済成長のために国家が経済に介入する重要性を主張する（ラース・マグヌソン著／玉木俊明訳『産業革命と政府――国家の見える手』知泉書館、二〇一二年）。

重商主義とは、基本的に経済学上の教義、さらに国家の経済政策をいう。重商主義がはじまったとき、イギリスの経済力は決して強いものではなく、ヘゲモニー国家はオランダであった。しかし重商主義時代が終わる頃には、イギリスがヘゲモニー国家になった。

したがって、重商主義時代の研究は、そのままイギリス帝国形成史の研究だといえる。イギリス帝国史研究は、イギリス本国のみならず、日本においても大変盛んである。しかし日本の場合、その研究の中心は一九世紀から二〇世紀初め頃にかけてであり、近世の研究は少ない。また、イギリス帝国の植民地ないし半植民地だった地域との関係を扱った研究が多く、他のヨーロッパ諸国との比較・関係史はかなり少ない。

ここでは、重商主義時代にイギリス帝国がどのようにしてヘゲモニー国家になったのかを、ヨーロッパの対外的拡張とヨーロッパの他国との関係を中心にみていきたい。

ポルトガルからイギリスへ

重商主義時代のヨーロッパでは、国家が、経済に介入することによって経済成長を成し遂げようとした。同時に、ヨーロッパ諸国家は拡大政策をとった。一方、近年の研究では、商人たちは政府の意思とは無関係にヨーロッパ外世界に出かけて行ったとされる。

したがって、重商主義時代を、国家の経済への介入が強まった時代などと、単純に定義づけることはできない。たとえば、ポルトガル貿易史の泰斗アメリア・ポローニア（Amélia Polónia）は、次のように主張する。

一四九八年にヴァスコ・ダ・ガマがカリカット（カリカタ）に到着し、アルブケルケが一五一〇年にはインドのゴアを、一五一一年には東南アジアのマラッカを占領した。ポルトガルは一五一三年には広州に来航し、一五二六年にはカリカットを占領、一五三七年にディーウを獲得、一五七一年には長崎に商館を設立した。かつてはこのような対外的拡張は、ポルトガル政府の力が大きく関与していたと思われていた。

ポローニアによれば、たしかに政府の力は無視できないが、ポルトガルは小国であり、商人の活動を国家が管理するということはできなかったということも事実である。ポルトガル商人は、政府の意向とは無関係に、自分たちで組織をつくり、ヨーロッパ外世界に出て行った。ポローニアは、ポルトガル海洋帝国は「商人の帝国」でもあったというのだ。

これまで、ポルトガルがアジアで占領した地域のいくつもが、やがてオランダの支配下に入ったので、ポルトガル海洋帝国は衰退したと考えられてきた。しかし、そもそもポルトガル海洋帝国が商人の帝国であるなら、領土を失ったとしても、商業活動にとっては大きな問題ではなく、商人の経済活動は続けることができたはずであるというのが、現在のポルトガル史研究の立場といえよう。

ポルトガル海洋帝国の衰退後も、ポルトガル人の活動が続いたのはそのためであった。ポルトガル商人は、アジアのさまざまな商人のネットワークのなかに入っていった。東南アジアは宗教のるつぼといえる地域で、多数の宗教・宗派の商人がいた。ポルトガル商人は、このような多様な商人の一部を形成したにすぎない。だが、ポルトガル商人の影響力は強く、徐々にアジアでのプレゼンスを高める。

一八世紀末に至るまで、ポルトガルはアジアでもっとも話されたヨーロッパの言語であった。しかし、アジアにおけるポルトガル植民地の少なからぬ部分が、オランダ領やイギリス領になっていったことも事実である。ポルトガルがつくった果実を最終的にむしりとっていったのは、イギリスであった。イギリス帝国は、ポルトガルの海外進出があったからこそ生まれたのである。

オランダと他のヨーロッパ諸国の経済関係

ポルトガルの海上発展についてはすでにみた。しかし、近代世界システムを提唱したウォーラーステインによれば、最初にヘゲモニー国家になったのはオランダであった。ウォーラーステインは、それを一六二五〜七五年頃とする。オランダの貿易、海運業、製造業はたしかに発展した。オランダ史においては、この時代は「黄金時代」と呼ばれる。ただし、一七世紀までのヨーロッパ世界経済の範囲は、なおヨーロッパ内部にとどまっていたことを忘れるべきではない。

オランダの経済力は圧倒的に強かったので、その他の国々は保護政策をとった。ヨーロッパ内部では、それが重商主義の特徴であった。国家が経済に介入し、経済成長をはかったのである。たとえばイギリスは、一六五一年以降数回にわたり航海法を施行し、オランダ船排除を狙った。

フランスはイギリスほどには自国の海運業を発展させることはなかったが、財務総監だったコルベールが東インド会社、西インド会社などを創設し、王立マニュファクチャーを設立した。オランダ自体は神聖ローマ帝国の末裔のごとき分裂国家であったが、圧倒的な経済力があったので、保護政策をとる必要はなかった。

ヨーロッパ内部だけをみれば、重商主義時代とは、圧倒的に経済力があったオランダに対して、各国が保護政策をとった時代だとみなせるのである。

しかし商人の立場からは、また別のことがいえる。

近世のアムステルダムは、オランダのみならずヨーロッパの中心となる商業都市であった。当時のアムステルダムは人口の流動性が非常に大きく、外国から多くの商人が訪れるとともに、アムステルダムからさらに外国の都市に移住した。そのため、アムステルダムに蓄積されたヨーロッパ各地の商業ノウハウや技術が、ヨーロッパのあちこちに拡散することになった。

アムステルダムにかぎらず、近世におけるヨーロッパ商人の流動性は高く、これは、国家政策とは別の次元で実現したことであった。したがって、近代世界システムとは、国家と商人という二つの要素から成り立つシステムと考えることもできるのである。

オランダ人は、より多くの利益を求めて、国内よりもむしろ外国に投資した。オランダ政府はそれを阻止しようとしたが、不可能であった。そしてイギリスこそ、オランダが外国に投資したときの最大の投資先であった。オランダ資金がなければ、イギリスはフランスとの戦争に勝つことはできず、産業革命もなかったかもしれないのである。

ヨーロッパ外世界への拡大

オランダは、あくまでヨーロッパ内部のヘゲモニー国家であったにすぎない。ヨーロッパ世界経済が文字通りの世界経済になるのは、早くとも一九世紀後半のことであろう。

オランダの植民地としてもっとも重要だったのはインドネシアであり、新世界の植民地は少なかった。それに対し、ヨーロッパの対外的拡張の先駆けとなり、しかもアジアにも新世界にも植民地をもったのは、ポルトガルであった。そのポルトガルは、すでに論じたように、「商人の帝国」とみなすことができるのである。

しかしまた一方で、ヨーロッパには、イギリスやオランダの東インド会社を代表例として、国家のいわばエージェンシーとなる特権商事会社が活躍していた。この相違は、単に国の政策の違いというだけで片付けられる問題なのであろうか。

英蘭の東インド会社には軍隊があり、商業活動だけではなく植民地の統治をおこなった。そもそも近世においてヨーロッパとアジアはきわめて遠く、もしアジアで戦争が勃発したとして、ヨーロッパの本国政府にいちいち指示を仰いでいたら、戦争に間に合わない。そこでアジアに軍隊を駐留させて、現地での戦争に備えることにしたのである。

イギリス東インド会社の従業員には、私貿易（private trade）が許された。これにより、アジア内部で貿易し、その利益を自分の懐に入れることができたのである。現実には、この利益があったからこそ、商人は、東インド会社の従業員となった可能性が高い。

一七世紀初頭においては、なお国家の力は弱く、商人の自発的な活動をおさえることはできなかった。とはいえ、ヨーロッパ外世界に出て行くことは、商人にとってリスクが大きかったので、商人としても、東インド会社の従業員であるということは、国家の保護を受けるという点で重要であった。このような観点からとらえるなら、重商主義時代とは、国家と商人の共棲関係を特徴とし、やがて国家の力のほうが大きくなっていく時代だといえる。

国によって、国家の力の強さは違っていたとはいえ、徐々に、商人よりも国家の力が強くなり、国際商人のネットワークは、さまざまな国に利用されるようになった。この点において最大の成功を収めたのが、イギリスであった。他のヨーロッパ諸国は、イギリスと比較すると、その点で決定的な遅れをとったと考えられる。

大西洋経済の時代

重商主義時代の特徴として、大西洋経済の重要性が大きくなっていったことがあげられる。アジアとの通商関係が、古代ローマ時代から細々ながら続いていたのに対し、大西洋貿易は、ヨーロッパが築き上げたものであった。そしてこの貿易で経済力をつけたヨーロッパが、アジアを本格的に支配していくようになった。

大西洋貿易の基本構造は、奴隷をアフリカから新世界に運び、彼らをプランテーションなどで働かせ、そこで栽培された商品、とくに砂糖をヨーロッパに輸送するというものであった。これほど大規模で短期的な人口移動は世界史上初めてであり、それ以降もない。このようなシステムを構築したからこそ、ヨーロッパ経済は大きく発展し、アジア経済を凌駕するようになった。このシステムを、おそらく最初は自己組織をもった商人が形成し、その後、国家が利用した。

西アフリカから南米やカリブ海に航海することは、海流の関係から比較的容易であった。しかしし、ヨーロッパ人にとって、大西洋は、とてつもなく大きな海であった。その海を、ヨーロッパ人は非常に長い年月をかけ、内海へと変えていったのである。

大西洋奴隷貿易の主役は、ポルトガル人であった。まず、ポルトガル領ブラジルのプランテーションで砂糖（サトウキビ）を生産したのはポルトガル人であった。この貿易で主役とされていたイギリス人の奴隷貿易数が他国よりも多かったのは、ほぼ一八世紀だけであった。われわれはそれが、どの時代にも通用する現象だとも思い込んでしまっていたのである。

大西洋貿易では、各国が競って貿易をしていた（帝国貿易）のみならず、それを結ぶ商人（帝国間貿易）たちが活躍していた。イギリス商人が必ずしもイギリスの貿易に従事するとはかぎらず、他国の貿易に参画することもありえた。さらに、帝国間貿易に従事したのは、主としてイベリア半島を追放されたユダヤ人であるセファルディムらであった。セファルディムは、サトウキビの製造方法を、ポルトガル領ブラジルから、西インド諸島のイギリス・オランダ・フランス植民地に伝えたとされる。

各国は政治や軍事、商業では競っていても、各国の貿易をつなぐ役割をした人びともいたのである。帝国貿易がいわば縦糸とすると、帝国間貿易は横糸である。この縦糸と横糸が織りなす世界が、大西洋貿易の世界であった。

そのような大西洋貿易において最終的に勝者となったのは、イギリスであった。

イギリス帝国の形成

オランダにとってかわり、一八一五年以降イギリスが世界経済のヘゲモニーを握った。この二国の相違は、イギリスが「帝国」を形成したのに対し、オランダという国家は地方分権的であった点に求められよう。

パトリック・オブライエンによれば、イギリスの例外性は、一八世紀の時点において金融財政システムが中央集権化した点にあった。イングランド銀行が国債を発行し、その返済を議会が保証するファンディング・システムが、中央集権化の中核をなした。金融財政システムの中央集権化は、他国では一九世紀になってようやくみられたことである。

私の考えでは、それ以外にも、イギリスの例外性を示す二つの現象があった。それは、航海法に代表されるように、海運業の発展を国家が促進したことと、大西洋経済における綿生産システムの形成である。この綿生産を基軸とする産業革命によって、イギリス経済は大きく飛躍した。

このように、近世のイギリス経済には、他国と大きく異なる三つの特徴がみられた。しかもそのうち二つは、クロムウェルの政策に起源があった。イギリスの税収は消費税に基盤をおくようになったが、この税を導入したのはクロムウェルである。そしそのクロムウェルが、航海法を制定した。クロムウェルがいなければ、イギリスのヘゲモニーはなかったと考えられるのである。

一八世紀になると、オランダの経済力が低下し、それに対応するようにイギリスの経済力が上昇したことは広く知られる。しかしわれわれは、一七世紀のオランダと一八世紀のイギリスとの差異にも注目すべきである
一七世紀のオランダは、ヨーロッパ中の商品を輸送していた。それに対し一八世紀のイギリスの輸送力は、一七世紀のオランダほど強くはなく、イギリス帝国内部の輸送が多かった。この点に、両国の貿易構造における最大の相違が見いだせる。イギリスにおける「帝国」の意味と、オランダ

のそれとは大きく違った。

一八世紀イギリスの貿易では「帝国内部」の絆が強められた。そしてこのような構造は、そのまま一九世紀にもちこまれた。それはまた、広大な帝国を所有せず、国家の権力が小さく、貿易に関しては商人のネットワークに大きく依存していたオランダとの決定的な相違点である。

オランダ商人は、オランダという国家を意識せずに行動した。一方イギリスは、国家が商人の活動を保護し、帝国の枠内で商業活動をさせようとした。それを典型的に表すのが、インド帰りの人びとであるネイボッブと呼ばれる人びとである。また、西インド諸島と貿易した商人も、この法則にあてはまる。商業資本主義国家オランダの国際貿易商人は、オランダという国籍を意識しない「無国籍商人」であり、産業資本主義国家イギリスの国際貿易商人は、イギリスという国家に支えられた「国籍をもつ商人」ととらえられよう。

イギリス帝国の一体性

大西洋貿易に話を戻そう。イギリス帝国のイギリス領西インド諸島の砂糖は高価であり、イギリス以外に輸出することができず、イギリス国内で食された。

それに対しフランスの場合、フランス領西インドでできた砂糖は、フランス国内で消費されるのではなく、主としてアムステルダムないしハンブルクに再輸出され、そこからまた他地域に輸送されたのである。これはフランスにかぎったことではなく、同じようにスペイン領アメリカやポルトガル領ブラジルから母国に輸出された植民地物産も、ヨーロッパ各地に再輸出された。これは、旧来の国際貿易商人のネットワークをそのまま利用したシステムであった。

イギリスの場合、植民地と本国との経済的結びつきが強く、植民地貿易の発展が、本国経済に大きなインパクトを与えた。この点で、イギリスとそれ以外の国の帝国システムは、まったく違っていたのである。

イギリス帝国はおもにイギリス本国の経済成長に、その他の帝国は、他地域の経済成長にも寄与したのである。われわれは、この違いにもっと目を向けるべきである。イギリス帝国とは、イギリスの利益のために機能するシステムなのであり、同じヘゲモニー国家といっても、他国の経済成長に大きく寄与したオランダとは、この点で決定的な違いがある。

イギリス産業革命は、このようなシステムのもとで誕生したものであった。換言すれば、イギリス国家が、経済に介入し、出来上がったシステムを形成されたシステムである。すべてを、イギリスのために奉仕させるシステムこそ、イギリス帝国というシステムであった。

イギリス帝国を中心とするシステムは、一九世紀後半には、世界を席巻することになる。そのときには、イギリス帝国の財政の中心はインドになり、イギリス帝国の一体性は非常に強まった。

そして、近代世界システムも変貌を遂げた。ヘゲモニー国家がオランダからイギリスへと変わったことは、長期的にみればこのような相違をもたらしたのである。

しかしそれは、ヨーロッパ内ではオランダの、ヨーロッパ外ではポルトガルが育て上げた果実をイギリスが取っていったから可能になったのである。

「拡大された国内史」ではないイギリス帝国史研究へ

イギリス人のイギリス帝国史家は、イギリス経済が、みずからの力だけで帝国化を成し遂げたという叙述をしがちである。イギリスには大量に史料が残っており、それらのみを使用して研究する傾向が強い。私はこのような帝国史を「拡大された国内史(extended national history)」と呼ぶ。じつは、それは、日本の歴史家にもいえることである。

帝国史という用語を使う以上、他地域との関係が非常に重要になるはずである。したがってイギリス帝国史家は、英語以外の史料をきちんと使うべきなのである。

アメリカの史料を使うイギリス史家もいる。しかし私は、結局英語だから使うにすぎないという印象をもつ。果たして、英語の史料だけでイギリス帝国が語れるのだろうか。そもそもその手法は、イギリス人のそれとまったく変わらないではないか。

そのような歴史学は、日本史でたとえるなら、徳川時代の形成を論じるにあたって、徳川家康だけの功績を称え、織田信長や豊臣秀吉の偉業を無視するようなものである。

イギリスには大量の史料がある。ブリティッシュ・ライブラリーには、十数キロメートルに及ぶ東インド会社関係の史料がある。しかし、英印関係を研究するとして、英語史料だけで十分なのであろうか。

私の経験でも、言語の違う史料を使うことはじつに大変である。しかしそうすることで、視野が大きく広がることも事実である。近世の海事史を研究するヨーロッパ人研究者にとって、複数の国の文書館に通って研究をするスタイルは、徐々に当たり前のことになっている。それに遅れをとっているのは、じつはイギリス人なのである。イギリス史家のように研究すればするほど、国際水準からみると質の低い研究になりかねない。

われわれは、イギリス人研究者と同じことをする必要はない。いや、この場合、してはいけないと思う。日本人研究者に求められているのは、イギリス人研究者とは違うイギリス帝国史像を、日本語でも英語でも発表することであろう。

終章　歴史家とは何か

職業としての歴史家

歴史家の仕事

「パパ、歴史って何の役に立つの」と言われ、歴史がどういう点で役に立つのかを説明したのは、マルク・ブロックであった。その著書『歴史のための弁明』は、多くの歴史家を魅了してきた名著である。

歴史が何の役に立つのか、簡単にいえることではなかろう。そもそも「歴史は何の役に立つの?」という質問そのものが、あまりに素朴であり、歴史研究に役立つ質問ではないからである。

歴史ないし歴史学は、役に立つときもあれば立たないときもある。どのような学問もそれは同じである。歴史家は現実の社会問題に対し、過去に似たような事例があったとき、どう対処したのかを説明することができる。そのとき、一般の人びとにも歴史や歴史学の効用がわかるはずである。

しかし、なかなか役に立つ事例は見つけられないかもしれない。それは、歴史学が必ずしも何かの役に立つことを前提として営まれている学問ではないからである。そもそも「役に立つ」ということ自体、きわめて主観的な考え方である。ある人から見たら役立つことでも、他の人から見たら役に立たない。経済学者ジョン・メイナード・ケインズが言ったように、「長期的にはわれわれは死んでしまう」存在である。そのような視点から見たなら、究極的には、すべてのものは役に立たない。どのような立場の人も、まずそういうことを考えてみるべきであり、「それでもなお」どういう観点から、ある学問が役に立つのかということを問うべきであろう。私は先ほどのような問いに対しては、そう答えるべきだと思うのである。

歴史研究が「何の役に立つの」と質問されること自体が、歴史家にとって戸惑いを覚える問いであると知ることが、歴史家の仕事の一つである。

むろん歴史家の仕事としてもっとも重要なことに、歴史書や論文の執筆がある。それなしに、歴史家という職業は成立しない。歴史家の仕事とは、基本的にそれらを書くことである。それらがもし世の中の役に立つと感じられたり、あるいは自分の研究に興味をもってくれたりする人がいれば、歴史家にとって喜びの瞬間でもある。

このような仕事を成就させるために必要な歴史家の資質とは、いったい何であろうか。

史料の読み方

歴史家は、史料を読むことが仕事である。しかしこの仕事は、論文や本を書くための準備作業であることを決して忘れてはならない。歴史家の仕事は、あくまで歴史叙述にある。

よく、史料を読むことが楽しいという人がいるが、いくら楽しくても、そこから生まれた作品が面白くなくては話にならない。史料の読解は手段であり、目的ではない。もし史料を読むほうが論文を書く以上に楽しいとすれば、その人は、歴史家ではなくアーキヴィストになるべきである。

史料は素材であり、それを活かすのが料理人の仕事である。歴史家の仕事とは、良い素材を選び、それを美味しい料理＝良い研究に仕上げることだ。

史料を読むとき、通常は、何らかの仮説を立てて読む。こういう史料がないかと期待しながら読む。しかし、しばしば史料は人の期待を裏切る。自分が期待していたような史料に出くわさないのは、当たり前のことである。史料により、自分が抱いていた先入観が間違っていると感じる場合もある。

第十一章で述べたように、歴史家の資質として非常に重要なことは、史料に即して自分の関心を変えてゆき、新しい仮説をのもとに史料を見直すことができるかどうかということがある。そうしてようやく、史料にもとづいた歴史学ができる。歴史家は、通常、ある仮説ないし期待のもとに史料を読む。しかし、史料は、しばしば歴史家の期待を裏切る。そのときに、新たな視点のもとで史料を読み直すことができる能力は、歴史家として非常に重要である。

しかし、史料を丹念に読むという行為と、史料にもとづいた歴史論文を書くということは、じつは別の事柄である。史料を読めば自動的に歴史論文が書けるわけではなく、史料を読むことと歴史論文を書くという行為は連続的なものではなく、この二つの行為のあいだにはどうしても空隙がある。そのために、史料に完全に裏打ちされた論文というものは、歴史家は書けない。

ここに、史料にもとづいた歴史学の限界がある。史料は、それを読めばすべてがわかるというものではない。

具体例をあげよう。AさんからBさんに出された一通の手紙があるとしよう。その手紙には、「先日お願いいたしました件ですが……」とあるとする。ここで、歴史家は、「先日のお願い」が何であるか、手紙から推測する。しかし、確たる解答は得られないかもしれない。良心的な歴史家であれば、その史料を引用し、あくまで自分の推測であるがと断ったうえで、仮説ないし結論を述べる。史料に書かれていない重要な事実について、歴史家は、史料から推測するほかない。

日本の勤勉革命

ここで、史料の使い方についての注意をしておきたい。史料とは、それ自体では何も語らず、歴史家の問いに応じて、その答えを変える存在でもある。歴史家の問いの発し方で、解釈が大きく変わることもある。より正確な解釈をするためにも、歴史家は、研究史をきちんと押さえておかなければならない。じつは、これは決して簡単なことではない。

この点をよく理解するために、私が知る一つの事例を提示しよう。現在の経済史学界で国際的に認められる概念となった「勤勉革命(industrious revolution)」が、果たして史料と研究史に即して論じられているかどうかということを、ここでみていきたい。

勤勉革命という用語は、まず速水融(一九二九〜)によって一九七六年に提唱された。これに速水の議論の影響を受けてアメリカ人の歴史家ヤン・ド・フリース(Jan de Vries, 1943-)も勤勉革命論を展開しているが、二人の「勤勉革命」の内容は違っている。ここではまず、速水の説を取り上げることにしたい。

ごく単純化して言うと、かつて水田耕作には家畜が用いられていたが、農民が耕作するようになったという事実から、農民の労働時間は長くなったと速水は結論づけた。そして日本人は、資本集約的（機械化を進めた）なイギリスタイプの産業革命（industrial revolution）ではなく、労働集約的（労働者を大量に必要とする）な勤勉革命を経験したということを主張したのである。日本では、労働時間を長くするという形態での経済成長があったということになろう。

この速水の説は、現在の日本経済史においておおむね認められている。日本の農業は粗放的だったのが、労働集約的になり、そのために労働時間が長くなっていき、これを勤勉革命と呼ぶことは、現在では珍しくない。

しかし、本当にこの解釈で良いのであろうか。

よく知られているように、かつて網野善彦は「百姓は農民ではない」と喝破した。百姓が複数の生業を営んでいたことは、こんにちでは広く認められている。とすれば、仮に農業における百姓の労働時間が増えたとしても、必ずしもその百姓の総体としての労働時間が増えたことにはならない。

前近代社会においては、おそらく世界中で、複数の生業をもつことはふつうにみられた。日本では、ある百姓が、農民であり、漁民であり、山野で働くということがありえたことは間違いない。勤勉革命とは、その百姓の総労働時間が増加したということである。しかし、私の知るかぎり、そのようなことは証明されていない。

ある百姓が、水田の稲作と漁業で生計を立てていたとしよう。そしてこの人物が、稲作のほうが儲かるということで漁業での労働時間を減らしたが、一人当たりの総労働時間は同じであったと仮定しよう。もし歴史家が、この人物が水田耕作にしか従事していないという前提で史料を読めば、より勤勉になったという結論を導き出すかもしれない。けれども、その解釈が間違っていることはいうまでもない。さらにいえば、漁業に従事したとしても、それを示す史料が存在しない可能性もある。

また、江戸時代の村落では自分たちで祭日を決めることができた。そして、その数は一般に増えたといわれる。この事実を考慮すれば、日本の百姓の労働時間が増大したとはいえないのである。

史料は、さまざまな解釈をすることが可能である。より正確な解釈をするためには、多くの研究史を把握しなければならない。私が日本の勤勉革命論について問題だと思うのは、それが適切になされているとは思えないからである。

労働者の一人当たりの総労働時間が増えるということが、労働者が勤勉になるということである。とすれば、一人当たりの総労働時間の計測こそ、勤勉革命を論じる場合にもっとも大事になるはずである。しかし、私の知るかぎり、日本の歴史家はこうした考え方はしていないようである（この印象は、間違っているかもしれないが）。むろん、史料的な制約があるのだから、証明すること自体難しいのかもしれない。しかし私がより問題だと思うのは、日本の歴史家のあいだで、一人当たりの総労働時間を証明しようという意欲が感じられないことである。

ヤン・ド・フリースの勤勉革命

速水の説に影響を受け、ヤン・ド・フリースは新しい勤勉革命論を提示した。それは一九九三年のアメリカ経済史学会での講演で提起され、翌年の *Journal of Economic History* に掲載された。ド・フリースは、この議論をさらに洗練させ、二〇〇八年に『勤勉革命』として、ケンブリッジ大学出版局から上梓した。ド・フリースの論は、世界的に受け入れられているといって良かろう。

ド・フリースの勤勉革命論については、永島剛が手際よくまとめているので、その論考を参照しながら紹介したい（永島剛「近代イギリスにおける生活変化と〈勤勉革命〉論——家計と人々の健康状態をめぐって」『専修経済学論集』第四八巻二号、二〇一三年）。

ド・フリースは、経済学者G・ベッカーの家計時間配当理論を用いて論を展開する。ベッカーのモデルでは、世帯メンバーはその労働時間を「市場での労働供給」と「家計内生産」のための時間に配分する。労働市場で得られた稼得によって消費財市場から購入したX財を家計内生産と組み合わせて、最終的に消費される商品であるZコモディティをつくりだす。

従来は家計内生産の割合が大きかったが、市場経済の発展とともに、それをX財で代替してZコモディティの効用を高めようとするようになる。そうなると、X財の購入に必要な収入をあげるため、世帯メンバーが世帯外で使う時間の配分が大きくなる。市場から財を購入し家計の効用を高めるために、人びとは余暇よりも労働を選んだ。

要するに、世帯が市場からより多くの消費財を購入するためにより長時間働き、収入の増大を図ったというのである。

しかし、この勤勉革命論も、私には納得できない議論である。ド・フリースによれば、結局のところ、市場での労働時間が増加することが勤勉革命なのであり、家庭内労働が含まれていないからである。彼の主張に賛成するかどうかは別として、市場経済が発展していった以上、彼の定義に従うなら、労働者が勤勉になるのは当然なのである。これは所詮、トートロジーではないのか。

史料と理論との兼ね合い

農業労働者は、タイムカードで管理することはできず、どこまでが労働でどこまでが余暇であるのかはわからない。市場化が進むことで、あるいは工場制度が確立することで、労働時間と余暇が明確に分かれ、労働時間が「可視化できる」ものとなっていった。ド・フリースの勤勉革命論は、そのことにより生じた労働と余暇の分離を当然の前提としている。そもそもこの前提自体を、私は問題視したいのである。

エンゲルスの『イギリスにおける労働者階級の状態』によれば、産業革命により、子供を含め、労働者の労働時間は信じられないほどに増えた。だがその一方で、それ以前から、農村での労働時間はきわめて長かったという研究もある（クラーク・ナーディネリ著／森本真美訳『子どもたちと産業革命』平凡社、一九九八年）。産業革命によって人びとが勤勉になったようにみえるのは、労働時間が「可視化」されるようになったからかもしれないのである。言い換えるなら、人びとは、家庭外で働く労働時間という概念そのものを「発見」したのである。

速水とド・フリースの勤勉革命論は、家庭内労働の重要性を理解していない。家庭外での労働について、あまりに大きなウエイトをおいている。

わかりやすい事例をあげるなら、戦後の日本においては、洗濯機の普及により、主婦の家庭内労働時間が大きく減少した。仮にそのために主婦がパートに出たとすれば、家庭ではなく市場で働くことになるのだから、その主婦は「勤勉になった」となるのだろうか。いや、そうではあるまい。このような発想は、彼らの勤勉革命論からは、出てこない。

私には、これは勤勉革命論の大きな問題点であると思われる。

それは、基本的に、勤勉革命に賛成する歴史家の史料の読み方と、研究史整理、さらにある理論を現実の歴史に適用する際のミステイクに起因するものだと考えられよう。

歴史研究には理論が必要とされる。その理論は、他分野から借りてくることが多い。その理論とは、モデルと言い換えることもできる。それはモデルであり、実態ではない。一方、歴史学とはある時代の実態を理解する学問である。歴史家がおこなうべきことは、モデルをそのまま当てはめるのではなく、モデルの限界をきちんと理解し、その上で、モデルを生かしながら現実の歴史を分析し、より多くの人びとにとって魅力的な歴史像を提示することである。

史料と実証、そして一般化

では、その心構えとしてどういうことが必要なのだろうか。ここでは、ヨーロッパ中世史の大家であった、森本芳樹の意見を引用しよう。

ところで、最近感じる大きな問題があります。西洋中世史の陥穽ですね。一つは、史料そのものに関わらない議論に重点を置いて、個別の史実認識の制約を知らないままに大きな議論に飛翔する傾向、というかな。史料にあまり接しないままに、いろいろな面白いことを考えてどんどん展開していく、という傾向がかなり目出つように思いますね。

〈中略〉

ここで歴史学の真髄というのは、史料＝個別事実に足を置いた学問です。あくまでもそこに足を据えながら、そのうえで一般化を探る学問が歴史学だと私は思います。歴史学で一般化がいらないなんて一度も考えないし、そもそも個別は、一般がないと成り立たないのは当然のことですが、個別の史実の学問でもあるということを絶えず絶えず意識することで深みも厚みも出てくるんじゃないかと思う。

（「インタビュー　森本芳樹氏オーラル・ヒストリー」『九州歴史科学』第三七号、二〇〇九年、四六〜四七頁）

ある面で、歴史は医学に似ている。

ここで、ガンを例にしてみよう。すべてのガンには相違があり、どれ一つとして同じガンはないといわれる。しかし個別のガンは、ガンという一つの大きな病気のなかに分類される。医者は、ガンという病気の一般的な治療方法を手掛かりとして、自分が担当する患者をどのようにして治癒すべきかを考える。

場合によっては、担当患者に高血圧や糖尿病などの合併症が生じていることもある。教科書通りの事例は、むしろ少数かもしれない。医者は、一般例と個別具体的な事例から治療法を考える。そしてその患者の治療事例は、一般化可能な事例として、医学の進歩に役立つことになる。ここにも、個別と一般化の問題がつきまとう。

歴史家が手にする史料は、一事例を提供するにすぎない。そこから一般化への道はかなり遠い。しかし一般化ができないと、自分が使っている史料の意味はわからない。歴史叙述には、個別事象の実証だけではなく、一般化が含まれる。

歴史家は、個別と一般化の道を絶えず揺れ動く。入手した史料から、簡単に当該期と地域の歴史に関する一般化をすることはできない。しかしある程度の一般化ができなければ、時代の全体像は描けない。そして一般化をするためには、歴史家はまた個別事例に立ち戻ることになる。

さらに、一般化には、ある理論やモデルを必要とする。だからこそ、歴史家は歴史理論に精通していなければならない。しかし、理論は所詮理論であり、モデルはモデルにすぎない。個別事実は、理論やモデルをもとにして分析する。そのときに、理論・モデルの限界を理解することが何よりも肝心であり、しかも、個別事例から一般化する際の限界に関しても、注意しなければならない。それが、史料を知るということだからである。

このような経験をして初めて、歴史家は良い研究ができると私は信じる。

人はどのようにして歴史家になるのか

歴史学の研究者になるには、通常、文学研究科の大学院生になることが要求される。そして、修士論文を書き、そこで書かれた地域と時代を、ほぼ一生研究し続けることが多い。修士論文は、歴史家の一生を決める大切な論文である。

そして博士（後期）課程に入学すると、博士論文を書くことが必要になる。日本の大学で書く人もいるし、外国の大学で書く人もいる。博士論文のほか、雑誌論文を書く必要があるばかりか、しかも一流の雑誌に掲載されなければ、歴史学の研究者のポストにはつけない。

大学院生の段階では、広い視野から論文を書くことはなかなか難しい。しかし、視野が広げられないなら、長期間にわたり歴史家として生きていくことは困難である。

ここでは、デビュー時から優秀な歴史家であったが、その後視野を大きく広げ、大家となった二人の歴史家、堀米庸三と川北稔の事例について言及することで、歴史家に求められる資質を表す一般論を提示したい。

堀米は、すでに第五章で論じたように、構造史家から文化史家へと成長した。堀米は西洋史学界にデビューしてからあまり日が経っていない一九四九年に、『中世国家の構造』を上梓した。同書は、こんにちの目からみてもなお中世の本質をついた研究として高く評価されている作品であろう。

同書は、いわばヨーロッパ中世国家の構造を示したものであり、その骨格を表したものである。しかし後年、『正統と異端』『中世の光と影』などを美しい歴史叙述で描いた。堀米庸三は、構造史家から文化史家へと成長したのだ。そしてその根底には、国制史家としてのしっかりとした論理構成力が横たわっていたのである。

第三章でとりあげた川北稔は、デビュー時から、非常にすぐれた計量経済史家としての素養を示していた。しかし計量経済史を途中でやめ、「ジェントルマンと大英帝国」というシェーマをつくり、生産面ではなく消費面から歴史をみていくことになった。

計量経済史とは、一本の折れ線グラフで歴史を説明しようという立場である。川北は、そのような歴史家から、もっと具体性のある、いわば血の通った歴史を描こうとした。しかし、われわれが忘れてはならないのは、川北史学の根底をなしたのは計量経済史であり、そのしっかりとした土台の上に、消費面に重きをおいた社会史を提唱したことである。

歴史家の成長には時間がかかる。そして、良い歴史家になるためには、その基盤にしっかりとした理論が必要である。堀米には国制史が、川北には経済史が、のちの成長のための基盤となった。だからこそ二人は非常にすぐれた歴史家になることができた。われわれはこの二人の成長の軌跡から、大切な教訓を学ぶことができるのである。

さらに二人とも、読んで面白いと思える歴史叙述を残した。それこそが、超一流の歴史家の証だと思えるのである。

歴史家は、読んで印象に残る叙述を残すべきだというのが、かねてからの私の持論である。この二人は、デビューしたての頃、人びとを魅了する叙述を書いていたとは、失礼ながら思えない。その理論展開に感銘を受けることはあっても、対象とする時代が全体としてどのようなものであるのか、読者に印象づけることができる歴史家ではなかったというのが、私の考えである。

しかし堀米と川北は、そこから脱却したのである。

堀米は国制史を、川北は経済史を基盤として、さまざまなジャンルの成果を利用し、みずからの歴史学の中に取り入れていった。基盤とする歴史学がしっかりしたものであったからこそ、それが可能であった。

理論と叙述の両方で彼らはひいでていた。理論と叙述のどちらが欠けても、彼らは、これほどの業績は残せなかったであろう。「歴史家とは何か」と聞かれたら、私はこの二点をもっている人であると答えたい。

歴史家はかくあるべしと私に思わせる日本の西洋史家は、この二人だということを、最後に告白しておきたい。

あとがき

ここでふたたびE・H・カーの有名なフレーズである「歴史は現在と過去との対話である」について、少し述べてみたい。

本文でも少し書いたが、じつはこの言葉に対し、私は懐疑的なのである。

歴史学が対象とするのは、過去の事象である。対象としている時代の人びとが死に絶えているほうがずっと多い。したがって、歴史家は直接、研究対象としている時代の人びとと語り合う(dialogue)ことなどできない。

歴史家は、過去に対して問いかけをする。そしてその答えを聞く。歴史家はそのようにして過去を再構築する。過去をそのまま再構築することはできず、歴史家が重要だと思ったことをピックアップし、それをもとに再構築されるのが歴史である。そこには当然主観が入り、完全に客観的な歴史研究などありえない。

かといって、全く客観性を欠く学問であるとは言えない。いやしくも学問という言葉を用いるなら、そこに何らかの客観性が必要である。歴史家にとってきわめて問題なのは、客観性を測定する便利な基準など存在しないという点にあろう。たとえば、A氏の学説よりもB氏の学説のほうが客観的（場合によってはずっと客観的）だというのがせいぜいであろう。

さて、ここで冒頭のカーの発言に戻りたい。過去と対話しようにも、対話したいと考える相手からは直接の反応はない。「それは間違っていますよ」とか「そうそう、その通りです」と、面と向かって言われることはない。歴史家は、過去の無数の事実から、自分にとって興味のある事柄を拾い上げ、それがどういう意味をもつのかを考える。それは、「過去との対話」ではなく、過去に対する歴史家の解釈と考えるべきであろう。

この点から、歴史に対する見方として、私はクローチェの「すべての歴史は現代史である」という言葉のほうを重んじるべきだと思うのである。

歴史家は、常に現在という時点から過去について考える。歴史学は、クーンがいうパラダイムの転換が起こると、過去の研究の意味は薄れてしまうことになる。しかしまた、過去の世代の歴史家がどのようにして当該分野の研究をしたかを知らなければ、現在の自分の立場を客観視することができない。研究史の研究は、その点からも非常に重要である。

ところで第一部で取り上げた本は、私の歴史家としての人生を形成していくうえで、血となり、肉となった本ばかりである。これらの本に共通していえるのは、何かのフィロソフィーが含まれているということである。

フィロソフィーというと「哲学」という訳語が思い浮かぶが、そもそも古代ギリシア語で「知を愛する」という意味である。むろん、知を愛さない研究者など存在しない。しかし、その水準がきわめて高く、一本筋がビシッと通っており、多くの人びとを魅了する研究は少ない。ここで取り上げた書物は、そういう例外的な研究だと私は認識している。

第二部で取り上げた問題は、私が現在関心をもっており、日本語や英語で論文や書物を書いたことに関係する事柄である。ただ、私個人にとどまらず、多くの人に共通する重要な歴史研究を取り上げたつもりである。

さらに言うならば、本書は、私が歴史家としてどのような軌跡を辿ってきたのかという、告白の書でもある。それはたしかに個人史であるが、それとともに多くの歴史家に共通する経験でもあるはずである。

私の最初の指導教授であった故・大下尚一は、一九二九年に生まれ、一九九三年に亡くなった。私が大学院に入学した一九八七年頃に、「僕みたいな年齢になるとな、三〇年前のことなんて、つい最近のように思えてしまうんや」と、しばしば語っていた。当時は、それがどういうことかわからなかったが、その頃の大下の年齢に近づいた現在、この発言の意味がよくわかるようになった。

私は、高校三年生のときに大塚久雄『近代欧州経済史序説』を読んだ。それは、私が経済史を志すきっかけの一つになった。この頃から大学生時代にかけて、堀米庸三の書物をいくつも読み、このような研究をしたいとも考えたが、同時に、自分の語学の才能からして、ラテン語が読めるようになるとは到底思えず、近世史の研究者として生きたいと考えるようになった。一九八三年に川北稔『工業化の歴史的前提』が上梓されたことで、その思いはさらに強まった。

大学院に入ると、当時はインターネットもなく、なかなか原史料にあたれなかったので、経済学部の書庫にあった重商主義者のパンフレットを片っぱしから読んだ。さらに、近世のヨーロッパ経済史に関する論文も、手当たり次第に読んだ。現在の院生からすれば無駄なことをしていたように思われるかもしれないが、そのような経験が、長い目で見ると生きてくるのである。何が無駄で何が無駄でないかは、長期的にしかわからない。それが、細々とであれ、今の大学院生が生まれる前から研究を続けてきた人間としての実感である。

自分の直接の研究テーマである近世のバルト海貿易とは関係ないテーマの研究文献もかなり読んだ。その経験がなければ、第二部は書けなかったであろう。

一つのテーマについて研究するだけでも時間がかかる。したがって、直接テーマに関係ない文献には見向きもしない。そういう傾向は、私が大学院生の頃からあったし、おそらく、それ以前から続いていたことであろう。

しかし周辺分野の研究をすることで、自分がメインテーマとしている分野が違った様相を帯びて見えてくるというのは、しばしばあることである。私の博士論文は、そういう広がりがあったからこそ書くことができた。現在も新しい分野を開拓しようとしているのは、そのときの遺産であると感じることが多い。

現在の院生は、簡単に一次史料にあたることができ、しかも私の院生時代と比べると信じられないほど細かな研究を最初からおこなうことができる。しかし長期的に見た場合、それが良いのかと、心配になるのである。歴史家としての人生は長く、三〇年前のことが昨日のことのように思い出される年になっても、まだ先は長いのだということを、覚えておいたほうが良い。

ここでいささか長く私の個人史を述べさせてもらった。個人史が、単に個人の体験にとどまるかぎり、そこに普遍性はなく、あまり意味のない発言となる。それは、単なるモノローグにすぎない。私自身の体験は、個人史にとどまることなく、多くの人びとが共有する経験となりえる。それは、私の言うダイアローグでもある。「歴史は過去と現在との対話（ダイアローグ）である」とは言えないかもしれない。しかし、歴史書は、著者と読者とのダイアローグである。
最終章では、「歴史家とは何か」というタイトルで文章を書いた。「歴史とは何か」とはよく言われるが、「歴史家とは何か」ということは、ほとんど言われることがない。しかし私も歴史家の端くれとして、歴史家というプロフェッションがどういうものか、考えてみたかったのである。

歴史家は、史料にもとづいて実証しなければならない。そしてその実証が、より広い世界と結びつき、できれば世界史の一部になることが理想である。そのためには、史料の性格を知らなければならない。さらに、自分が拠って立つ理論のバックグラウンドを知らなければならない。この二点から考えて、終章で「勤勉革命」は成り立たないと結論づけた。むろん、私の主張が正しくないという可能性は、決して否定できない。

史料は、たしかに多様に解釈できる。史料は、歴史家の質問に応じて答えを変えるものだと、心得ておくべきである。史料に関する解釈は、前提となる理論が間違っているなら、必然的に間違ったものになる。歴史家はそれを踏まえて、史料にあたるべきである。史料と理論とのこのような関係こそ、歴史家が認識しておくべきことの一つであることは、言を俟たない。

現在の歴史学では、「何を」書くのかが重視され、「いかに」書くのかということが軽視される傾向にあるのが、私には残念である（あるいは、これは私の錯覚かもしれないが）。すなわち、歴史叙述（historical narrative）の重要性が見失われているように思えてならない。

すぐれた歴史叙述によって、著者と読者は緊密なダイアローグをすることができる。面白くない歴史叙述であれは、その研究は単なるモノローグとなる。読者はよほどのことがないかぎり、一人で歴史書を読む。その感想を他の人びとと共有することは多いが、読書そのものは孤独な営みである。

したがって、著者と読者は、常に一対一の関係にある。著者は、絶えず「一人の読者」に語りかける。読者がその本が面白くないと投げ出すと、ダイアローグはほとんど存在しない。

歴史家は、より多くの読者とダイアローグするために、歴史叙述の重要性を認識すべきなのである。一人一人の心に届く歴史叙述をすることが、現在の歴史家に求められているはずである。

それはまた、「西洋史のリバイバル」につながると、私は信じる。

本書の作成には、企画から出版まで、編集部の堂本誠二さんのお世話になった。堂本さんとのダイアローグが、本書を完成に導いたのである。

記して感謝の念を表したい。

二〇一六年二月　フィンランド・ユヴァスキュラにて

玉木俊明

玉木俊明『海洋帝国興隆史——ヨーロッパ・海・近代世界システム』講談社選書メチエ、2014年
ナーディネリ、クラーク（森本真美訳）『子どもたちと産業革命』平凡社、1998年
二宮宏之『全体を見る眼と歴史家たち』平凡社ライブラリー、1995年
ノース、D・C、R・P・トマス（速水融・穐本洋哉訳）『西欧世界の勃興——新しい経済史の試み』ミネルヴァ書房、2014年
ハスキンズ、C・H（別宮貞徳、朝倉文市訳）『十二世紀ルネサンス』みすず書房、2007年
羽入辰朗『マックス・ヴェーバーの犯罪』ミネルヴァ書房、2002年
ピレンヌ、アンリ（増田四郎監訳）『ヨーロッパ世界の誕生——マホメットとシャルルマーニュ』創文社、1960年
深沢克己『商人と更紗——近世フランス=レヴァント貿易史研究』東京大学出版会、2007年
ブロック、マルク／堀米庸三監訳『封建社会』岩波書店、1995年
ブロック、マルク／松村剛訳『歴史のための弁明——歴史家の仕事』岩波書店、2004年
ブローデル、フェルナン／浜名優美訳『地中海』全5冊、藤原書店、2004年
ポメランツ、K（川北稔訳）『大分岐——中国、ヨーロッパ、そして世界経済の形成』名古屋大学出版会、2015年
堀米庸三『歴史の意味』中央公論社、1970年
堀米庸三『中世国家の構造』日本評論社、1949年
堀米庸三『西洋中世世界の崩壊』岩波全書、1958年
堀米庸三『正統と異端』中公新書、1964年
堀米庸三『中世の光と影』文藝春秋、1967年
堀米庸三編『西洋中世世界の展開』東京大学出版会、1973年
堀米庸三責任編集『中世ヨーロッパ』中央公論社、1961年
堀米庸三、木村尚三郎編『西欧精神の探求——革新の十二世紀』日本放送出版協会、1976年
マグヌソン、ラース（玉木俊明訳）『産業革命と政府——国家の見える手』知泉書館、2012年
水村美苗『日本語で書くということ』筑摩書房、2009年
家島彦一『海域から見た歴史——インド洋と地中海を結ぶ交流史』名古屋大学出版会、2006年

主要参考文献

（邦文の書物のみ）

石母田正『中世的世界の形成』伊藤書店、1946年
今井宏『イギリス革命の政治過程』未來社、1984年
ウォーラーステイン、I（川北稔訳）『近代世界システム』第1巻～第4巻、名古屋大学出版会、2013年
エンゲルス、F（一條和生、杉山忠平訳）『イギリスにおける労働者階級の状態――19世紀のロンドンとマンチェスター』岩波文庫、上・下、1990年
大塚久雄『近代欧州経済史序説』時潮社、1944年
大塚久雄『社会科学の方法』岩波新書、1977年
大塚久雄『欧州経済史序説』岩波現代文庫、2001年
越智武臣『近代英国の起源』ミネルヴァ書房、1966年
カー、E・H（清水幾太郎訳）『歴史とは何か』岩波新書、1962年
カーティン、フィリップ（田村愛理、中堂幸政、山影進訳）『異文化間交易の世界史』NTT出版、2002年
樺山紘一『ゴシック世界の思想像』岩波書店、1976年
カービー、デヴィド、メルヤ・リーサ・ヒンカネン著（玉木俊明・牧野正憲・谷澤毅、根本聡、柏倉知秀訳）『ヨーロッパの北の海――北海とバルト海の歴史』刀水書房、2011年
川北稔『工業化の歴史的前提――帝国とジェントルマン』岩波書店、1983年
川北稔『洒落者たちのイギリス史』平凡社、1986年
川北稔『民衆の大英帝国』岩波書店、1990年
川北稔／聞き手 玉木俊明『私と西洋史研究――歴史家の役割』創元社、2010年
ケイン、P・J、A・G・ホプキンズ（竹内幸雄、秋田茂、木畑洋一、旦祐介訳）『ジェントルマン資本主義の帝国』I・II、名古屋大学出版会、1997年
斎藤修『プロト工業化の時代』岩波現代文庫、2013年
ジェニコ、ピエール（大嶋誠ほか訳）『歴史学の伝統と革新――ベルギー中世史学による寄与』九州大学出版会、1984年
篠塚信義、石坂昭雄、安元稔編訳『西欧近代と農村工業』北海道大学図書刊行会、1991年
斯波照雄・玉木俊明編『北海・バルト海の商業世界』悠書館、2015年
玉木俊明『北方ヨーロッパの商業と経済　1550～1815年』知泉書館、2008年
玉木俊明『近代ヨーロッパの形成――商人と国家の近代世界システム』創元社、2012年

人名索引

玉木俊明（たまき・としあき）
1964年大阪市生まれ。同志社大学大学院文学研究科（文化史学専攻）博士後期課程単位取得退学。現在、京都産業大学経済学部教授。専門は近代ヨーロッパ経済史。著書：『北方ヨーロッパの商業と経済』（知泉書館）、『海洋帝国興隆史』『近代ヨーロッパの誕生』（以上、講談社選書メチエ）、『近代ヨーロッパの形成』（創元社）、『私と西洋史研究』（共著、創元社）『ヨーロッパ覇権史』（ちくま新書）ほか多数。

歴史《れきし》の見方《みかた》
西洋史《せいようし》のリバイバル

2016年5月20日　第1版第1刷発行

著　者……玉木俊明
発行者……矢部敬一
発行所……株式会社 創元社
http://www.sogensha.co.jp/
本社　〒541-0047 大阪市中央区淡路町4-3-6
Tel.06-6231-9010　Fax.06-6233-3111
東京支店　〒162-0825 東京都新宿区神楽坂4-3 煉瓦塔ビル
Tel.03-3269-1051
印刷所……株式会社 太洋社

ISBN978-4-422-20340-9 C1322